DESCRIPTION NAUTIQUE

DES CÔTES

DE LA MARTINIQUE.

DESCRIPTION NAUTIQUE

DES CÔTES

DE LA MARTINIQUE,

PRÉCÉDÉE

D'UN MÉMOIRE

SUR LES OPÉRATIONS HYDROGRAPHIQUES ET GÉODÉSIQUES EXÉCUTÉES DANS CETTE ILE

EN 1824 ET 1825;

PAR M. P. MONNIER,

INGÉNIEUR HYDROGRAPHE DE LA MARINE,

CHEVALIER DE LA LÉGION D'HONNEUR;

PUBLIÉE

SOUS LE MINISTÈRE DE S. E. M. LE B^ON HYDE DE NEUVILLE,

MINISTRE DE LA MARINE ET DES COLONIES.

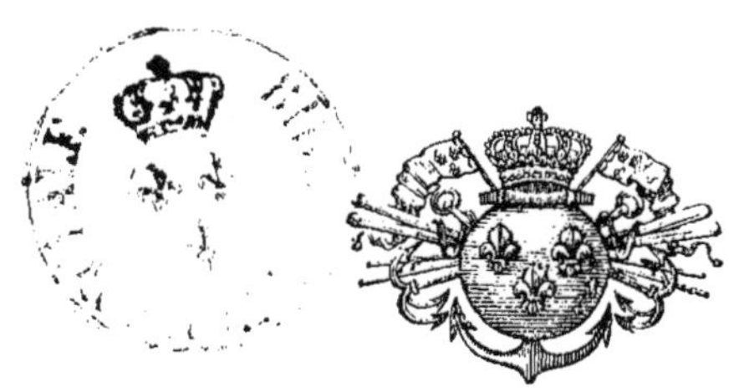

PARIS,

DE L'IMPRIMERIE ROYALE.

M. DCCC. XXVIII.

MEMOIRE

SUR LES OPÉRATIONS

HYDROGRAPHIQUES ET GÉODÉSIQUES

EXÉCUTÉES À LA MARTINIQUE

PENDANT LES ANNÉES 1824 ET 1825.

Insuffisance des documens qu'on possédait avant l'année 1824 pour éclairer la navigation des côtes de la Martinique. — Travaux entrepris en dernier lieu pour la reconnaissance hydrographique des côtes de cette île. — Objet détaillé de la mission. — Préparatifs qui précèdent les opérations.

Chargé, vers la fin de l'année 1823, par M. le marquis de Clermont-Tonnerre, alors ministre de la marine, de faire une reconnaissance exacte et détaillée des côtes de la Martinique, mon premier soin, tout en me conformant aux instructions spéciales qui m'avaient été données, devait être de remonter à l'origine des travaux hydrographiques dont cette île avait été l'objet jusqu'à nos jours.

On ne saurait assigner à ces travaux une date antérieure à l'année 1700.

Premiers établissemens des Français à la Martinique.

Les premiers Français qui s'établirent à la Martinique étaient partis de l'île de Saint-Christophe, sous la conduite de M. d'Enambuc, de la maison Vaudrocques-Diel, de Normandie. Ils arrivèrent, au commencement de juillet de l'année 1635, dans la partie de l'île où se trouve actuellement Saint-Pierre, et y bâtirent un fort pour se retrancher en cas d'attaque de la part des Caraïbes. Ces sauvages voyant avec peine des étrangers prendre possession de leurs pays, et craignant de nouveaux envahissemens, ne tardèrent pas à les inquiéter dans leurs demeures. Un différent, qui, de part et d'autre, entraîna la perte de quelques hommes, devint le signal d'une guerre active, qui n'eut presque pas d'interruption pendant vingt ans, et finit, en 1658, par l'expulsion totale des Caraïbes, dont les forces s'étaient successivement affaiblies par les revers que leur fit essuyer la supériorité des armes européennes.

État de l'hydrographie des côtes de la Martinique avant l'année 1824.

Les habitations se multiplièrent alors à la Martinique; et la paix favorisant les progrès de la culture, on vit promptement s'accroître la prospérité de cette colonie, qui fut dans la suite fréquentée par un grand nombre de bâtimens.

Quoique cette nouvelle direction ouverte au commerce dût faire sentir bientôt l'importance d'une carte hydrographique de cette île, on ne voit pas, néanmoins, qu'aucun travail digne de quelque attention ait été, jusqu'à ce jour, entrepris dans ce but utile. Les seuls documens que nous possédions se réduisent à quelques descriptions défectueuses et à des plans très-imparfaits des parties de la côte occidentale, visitées plus souvent que les autres, à raison des établissemens militaires et des entrepôts de commerce.

Nous ferons remarquer parmi ces plans, comme étant les moins inexacts, celui de la baie du Fort-Royal et ceux de la rade de Saint-Pierre, des anses d'Arlet, du cul-de-sac Marin, levés, le premier, en 1740, par ordre du chevalier d'Albert, capitaine de vaisseau, et les autres par ordre du vice-amiral anglais Rodney, en 1763.

On juge par ces détails que la côte orientale est restée presque entièrement inconnue. En effet, les renseignemens qu'on a sur elle sont tellement vagues, qu'ils ne permettent pas même de soupçonner l'existence des ressources qu'elle présente. Cependant la sûreté des divers mouillages qui se trouvent sur cette côte, la facilité avec laquelle on parviendrait dans quelques-uns d'entre eux, et leur position, qui met au vent de l'île les bâtimens destinés à aller en Europe, ne sauraient être trop appréciées. Ajoutons que la fertilité des pays adjacens ferait encore mieux ressortir l'utilité d'un port en cette partie, attendu que le commerce, qui se réunit actuellement à Saint-Pierre, pourrait alors se diriger plus avantageusement et à moins de frais vers le havre du Robert, à proximité des riches habitations d'où l'on tire la majeure partie des productions du pays.

Les plans que nous avons de quelques-uns des havres et culs-de-sac de cette partie de l'île sont des manuscrits, la plupart sans autorité, dans lesquels la configuration de la côte et les sinuosités des bancs semblent tracées à vue, ou paraissent du moins ne se rattacher à aucun système d'opérations auxquelles on puisse attribuer quelque précision. On a joint à ces plans des instructions incomplètes, qui, loin de rectifier leurs erreurs et d'expliquer ce qu'ils indiquent si imparfaitement, ne contribuent qu'à augmenter la confusion des idées et la difficulté de s'en servir.

Ces documens inexacts, au nombre desquels nous ajouterons un plan de la Martinique levé, en 1729, par M. Houel, ingénieur du roi, et divers mémoires comparés entre eux et rectifiés par des positions astronomiques, étaient néanmoins les seuls élémens dont Guillaume Delisle, premier géographe de Louis XV, pût faire usage, lorsqu'il entreprit, en 1732, la construction d'une carte où il essaya d'indiquer la disposition des bancs par rapport à la côte et les passes conduisant dans les principaux mouillages. En 1758, Bellin en publia une autre où il reproduisit la plupart des défectuosités de la précédente, et les aggrava même dans quelques parties par des changemens provenant de positions géographiques que, par erreur, il crut préférables à celles dont s'était servi Delisle.

Nous nous bornerons à citer cette carte, qui subsiste encore sans modification dans l'hydrographie française, pour faire sentir combien les notions acquises jusqu'à ce jour étaient loin de pouvoir éclairer la navigation des côtes de la Martinique.

Travaux exécutés dans les années 1763 et suivantes par les ingénieurs-géographes des camps et armées.

Parmi les travaux postérieurs à l'année 1758, les seuls qui méritent ici une distinction particulière, quoiqu'ils n'aient point eu pour objet d'indiquer les dangers dont la connaissance est nécessaire au navigateur, sont ceux qui furent entrepris, au commencement de l'année 1763, par des ingénieurs-géographes des camps et armées, et achevés en 1766 avec tout le succès que permettaient les méthodes et les instrumens alors en usage.

La carte à laquelle ces travaux précieux servent de fondement a été construite à l'échelle de six lignes pour cent toises, par Moreau du Temple, sur des positions conclues d'une triangulation dont tous les angles ont été observés avec des graphomètres par M. Loupia de Fontenailles. Cette carte est bonne à consulter pour les mouvemens du terrain, qui sont généralement conformes à ceux que nous avons observés dans le voisinage de la côte; et son exactitude, sous ce rapport, nous a même déterminés à en extraire les détails topographiques de l'intérieur de l'île que les circonstances de notre mission ne nous permirent pas de rattacher au figuré de la côte : nous les avons reportés sur nos cartes, en les assujettissant successivement aux positions déduites de nos propres opérations. L'emploi que nous avons fait de cette topographie a été précédé d'un examen à l'aide duquel nous nous sommes assurés du degré de confiance qu'on pouvait accorder à la triangulation qui lui sert de base. Voici le résumé des recherches que nous avons faites à ce sujet, en reprenant les observations consignées dans le journal de M. Loupia.

Examen de la triangulation de M. Loupia, ingénieur-géographe.

Dans le nombre des sommets du réseau trigonométrique établi par cet ingénieur, nous avons choisi ceux dont il était possible de calculer les positions par des données différentes tirées de son journal, afin d'arriver à plusieurs déterminations des mêmes points, et de pouvoir juger, par les différences calculées, de la limite des erreurs dont chacune de ces positions pouvait être affectée. Ces calculs nous ont convaincus que la carte des ingénieurs-géographes renfermait, sous le rapport de la triangulation, des défectuosités qui ne pouvaient point échapper à un examen sévère, mais trop faibles pour avoir une influence notable sur le figuré du terrain. On peut en juger par la position du moulin Luci, situé dans la paroisse du Marigot, que nous avons calculée par deux chaînes de triangles indiquées par M. Loupia et partant toutes deux de la baie du Fort-Royal. Le calcul nous a donné, pour cette position, deux déterminations qui s'écartent l'une de l'autre de trente-deux toises.

Une pareille différence s'éloigne beaucoup de la précision qu'on apporte aujourd'hui dans les travaux géodésiques. Toutefois, on cessera de s'en étonner, si l'on fait attention à l'imperfection des instrumens dont M. Loupia s'est servi, et particulièrement à la disposition peu avantageuse que les localités le contraignirent de donner à son réseau trigonométrique, dans lequel on trouve des triangles qui ne ferment qu'à 0° 4', d'autres où l'on remarque des angles trop aigus, tels que celui de 12° 2′ observé au Piton-Trochon, entre les deux extrémités de la base.

A ces causes d'erreurs, qu'il n'était guère au pouvoir de M. Loupia d'éviter, s'en joignent d'autres dépendantes d'une mesure d'azimut, et de la base sur laquelle s'appuie toute la triangulation. On trouve, au commencement du journal de cet ingénieur, une base de 861 toises, qu'il a mesurée trois fois, au fond de la baie du Fort-Royal, sur le bord d'un canal existant encore entre l'habitation Déculleville et l'habitation Destournelles. Le moyen dont on s'est servi pour l'obtenir n'est point désigné, ce qui fait présumer qu'elle a été mesurée avec une chaîne. Son orientation, ou celle de tout autre côté de triangles, étant donnée de même sans aucun indice d'observations, il est assez probable qu'elle a été observée avec une boussole, puis corrigée, comme on va le voir par ce qui suit, d'une déclinaison Nord-Est plus forte que celle qui existait alors.

Il s'élève d'après cela des doutes bien fondés sur l'exactitude de ces premiers élémens de la triangulation, et l'on doit s'attendre à trouver les résultats affectés non-seulement des erreurs dues à l'imperfection des instrumens, mais encore de celles d'un azimut et d'une base qui peuvent altérer d'une manière sensible l'échelle et l'orientation de la carte. C'est ce dont nous nous sommes convaincus en partant des coordonnées de plusieurs points communs à la triangulation de M. Loupia et à la nôtre, pour en conclure des distances et des gisemens comparables entre eux. Nous avons trouvé par ce moyen le méridien de cette carte incliné de 2° 36′ environ du Nord vers l'Ouest sur le méridien vrai, et les distances généralement trop faibles de 110 toises sur 15,000.

Ce que nous venons de dire suffit pour faire apprécier la carte dont nous parlons, et pour faire sentir l'utilité d'une carte nouvelle, pour la rédaction de laquelle on emploierait tous les secours que l'on peut tirer de l'état actuel de nos connaissances.

Malgré les imperfections que nous avons signalées dans la triangulation de M. Loupia, imperfections qu'il ne dépendait pas de lui d'éviter avec les moyens qui étaient à sa disposition, nous aimons à dire que ses travaux et ceux de ses collaborateurs nous ont été de la plus grande utilité, et que l'exactitude que nous avons généralement reconnue à la carte qui en est le résultat, quant à la configuration du terrain, nous a permis de les employer concurremment avec les nôtres, pour la construction d'une carte sur laquelle nous avons porté cette même configuration, en l'assujettissant de proche en proche aux positions déterminées par nous sur les contours de la côte, et, dans l'intérieur de l'île, sur les montagnes les plus remarquables.

Emploi des travaux de M. Loupia et de ses collaborateurs.

L'ensemble ainsi formé de la réunion de ces détails topographiques est dégagé de la plupart des erreurs qui subsistaient dans la carte que nous venons de citer; de plus, les vérifications que nous avons été à portée de faire relativement au figuré du terrain, démontrent même qu'il s'écarte peu de la précision qu'on exige aujourd'hui dans ces sortes de travaux.

Nous exposerons maintenant la marche de nos opérations.

Objet détaillé de la mission.

L'hydrographie des côtes de la Martinique devait être présentée dans les plus grands détails. Il m'était prescrit de sonder les mouillages et reconnaître les passes, de manière à pouvoir en donner une description complète, et de déterminer en outre avec précision les contours de la côte, les sinuosités des bancs et la position des dangers isolés, à la connaissance desquels on pouvait parvenir en s'aidant des renseignemens des meilleures pratiques. Il m'était également recommandé d'observer la direction et la force des vents dans les différentes saisons, d'étudier leur action sur les courans, et de profiter enfin des notions ainsi acquises, pour accompagner les cartes et plans particuliers des diverses parties de l'île des documens les plus propres à en faciliter l'intelligence et l'emploi dans la navigation.

M. le comte de Rosily, vice-amiral, directeur du dépôt général de la marine, me fit connaître les moyens qui devaient être mis à ma disposition, tant en France qu'à la Martinique, pour me mettre en mesure d'entrer en campagne; et M. le chevalier de Rossel, contre-amiral, alors directeur adjoint, rédigea des instructions où il exposa le système d'opérations que j'avais à suivre pour remplir le but de ma mission. Ces instructions me furent remises le 9 décembre 1823, avec l'ordre du ministre de la marine de faire les préparatifs qui devaient précéder mon départ d'Europe, et de me rendre à la Martinique sur la frégate *la Jeanne-d'Arc*, commandée par M. Dupotet, capitaine de vaisseau. M. le Bourguignon Duperré, ingénieur-hydrographe de la marine, alors élève, fut en même temps désigné pour me seconder dans les travaux que j'allais entreprendre.

Instrumens destinés à l'expédition.

Notre premier soin, avant de quitter Paris, fut de réunir et vérifier nos instrumens. Ils consistaient en un cercle répétiteur de Lenoir, à niveau mobile; une montre marine de Louis Berthoud, une lunette astronomique de Cauchoix, trois baromètres, deux thermomètres, quatre cercles à réflexion pour les reconnaissances hydrographiques, trois théodolites pour mesurer les angles secondaires de la triangulation, une boussole de déclinaison, et deux règles en fer doux pour mesurer des bases. Nous fîmes étalonner ces règles, au moyen du comparateur de Lenoir, sur une règle de même métal dont la longueur était de deux mètres, à la température de la glace fondante.

Ces apprêts nous occupèrent jusqu'à la fin de décembre; après quoi nous nous rendîmes à Brest, où l'on construisit, avant notre départ de cette ville, deux canots qui devaient être affectés à notre service et transportés à la Martinique sur les vaisseaux *l'Eylau* et *le Trident*, avec leurs agrès et autres objets d'armement dont nous avions demandé des rechanges pour la durée présumée de nos travaux.

Nous partîmes de la rade de Brest le 14 janvier 1824, avec des vents d'Est-Nord-Est qui nous conduisirent promptement jusques dans la région des vents alisés, et nous assurèrent ainsi une traversée des plus heureuses.

Arrivée à la Martinique.

La Martinique fut en vue dès le 4 février au soir, et le lendemain, la frégate étant à l'ancre sur la baie du Fort-Royal, nous allâmes saluer M. le comte Donzelot, lieutenant général gouverneur de l'île. Instruit de l'objet de notre mission, et naturellement porté à favoriser le succès de nos opérations, dont il sentait toute l'utilité pour la colonie, M. le gouverneur nous assura qu'il nous en applanirait les difficultés autant qu'il serait en son pouvoir. Aussi, nous saisissons avec empressement l'occasion de lui exprimer notre reconnaissance, à laquelle il s'est acquis des droits par la bienveillance dont il n'a cessé de nous donner des preuves dès ce moment, et par la manière avec laquelle il a eu la bonté d'accueillir toutes les demandes que nous avons été dans le cas de lui adresser. Il nous autorisa, dans cette première entrevue, à prendre possession d'un appartement dans l'hôtel de l'intendance, au Fort-Royal, en attendant qu'une organisation définitive de l'expédition nous fournît les moyens d'entreprendre la reconnaissance hydrographique de la colonie. Nous y fîmes aussitôt transporter nos instrumens, et après avoir fait subir au cercle astronomique de Borda les rectifications nécessaires, nous commençâmes les observations qui avaient pour objet de déterminer un azimut au mât de pavillon du fort Saint-Louis, et la position astronomique de ce même point auquel devaient être rapportés ceux de la triangulation que nous avions à établir, par leurs distances à la méridienne et à la perpendiculaire.

AZIMUT DU SÉMAPHORE DE *LA DÉMARCHE*, OBSERVÉ AU MÂT DE PAVILLON DU FORT SAINT-LOUIS.

Nous fîmes au fort Saint-Louis, avec le cercle astronomique, dans l'intervalle du 16 au 23 février 1824, quatre-vingts observations de distances du soleil au sémaphore de *la Démarche*, que nous groupâmes de quatre en quatre, et dont nous déduisîmes vingt résultats d'azimut. Nos vingt séries d'observations furent précédées ou suivies immédiatement de la mesure de quelques distances zénitales du soleil, pour pouvoir en conclure le temps vrai, ou l'angle horaire de l'astre, avec la précision qu'exige cet élément essentiel du calcul des azimuts. Nous eûmes également la précaution d'employer des observations du soir et du matin, afin de faire disparaître, autant qu'il était possible, dans le résultat moyen des observations azimutales, les erreurs provenant de celles de la déclinaison de l'astre, de la latitude et du temps donné par la montre.

Un milieu, entre les vingt résultats déduits des vingt

séries d'observations azimutales faites près du mât, donne.......................... 46° 27' 29"

Réduction au centre du mât....... + 0. 00. 34.

Azimut du sémaphore de *la Démarche*. N. 46. 28. 3. O.

POSITION GÉOGRAPHIQUE DU MÂT DE PAVILLON DU FORT SAINT-LOUIS.

Observations de MM. Deshayes, Duglos et Varins.

La position géographique de la Martinique a depuis longtemps occupé les astronomes et les navigateurs. Dès l'an 1682, MM. Deshayes, Duglos et Varins furent envoyés par Louis XIV sur divers points du globe, pour y faire des observations astronomiques et déterminer la longueur du pendule. Ils reçurent, à ce sujet, des instructions de l'Académie royale des Sciences, et particulièrement de Cassini, qui les exerça à obtenir la latitude par les hauteurs méridiennes du soleil et des étoiles fixes, et la longitude par les éclipses des satellites de Jupiter.

Les Mémoires de l'Académie rapportent les travaux que MM. Deshayes, Duglos et Varins entreprirent à Gorée, puis à la Guadeloupe, dans la ville de Basse-Terre, et enfin à Saint-Pierre-Martinique, où ils arrivèrent au commencement de novembre 1682. Le lieu où ils établirent leur observatoire, dans cette dernière ville, n'est pas indiqué dans ces Mémoires, et nous paraît incertain. En admettant, avec le père Feuillée, qu'ils se soient placés dans le fort Saint-Pierre, aujourd'hui le fort Villaret, la latitude (14° 44') qu'ils ont déterminée par une moyenne entre plusieurs résultats devrait être, à très-peu près, la même que celle que nous avons assignée au mât de pavillon du fort; cependant elle s'en écarte de 1′ 13″ en moins. Cette différence ferait supposer dans leurs résultats des erreurs plus fortes que celles que devraient y avoir introduites les hauteurs méridiennes observées avec un quart-de-cercle, et nous porterait à croire que les observations n'ont pas été faites dans le fort Saint-Pierre, mais bien sur la batterie Sainte-Marthe, dans le Sud de la ville. Cette nouvelle hypothèse rectifie la latitude, mais sans changer la longitude, attendu que le signal Sainte-Marthe et le fort Saint-Pierre se trouvent sous le même méridien. Si l'on suppose que la latitude 14° 44′ se rapporte au signal Sainte-Marthe, on en déduira celle du mât de pavillon du fort Saint-Louis, en en retranchant 7′ 56″ provenant de la distance du signal Sainte-Marthe à la perpendiculaire passant par le mât.

Ainsi la latitude du mât de pavillon du fort Saint-Louis, selon MM. Deshayes, Duglos et Varins,
sera de. . . . . 14° 36′ 4″.

La longitude a été conclue d'une seule émersion du premier satellite de Jupiter, observée le 20 novembre 1682, à 5^h 8′ 21″ du matin. Comme on n'avait pas eu de correspondante à Paris, on ajouta au temps précédent celui pendant lequel se faisait alors une révolution du premier satellite, ou 1^j 18^h 27′ 55″; ce qui donna pour le temps de l'émersion du 21 novembre, à la Martinique, 11^h 36′ 16″. Cette même émersion fut observée, à Paris, le 21 novembre, à 15^h 51′ 1″. On en conclut pour la longitude de la batterie Sainte-Marthe ou du fort Saint-Pierre, 4^h 14′ 45″, ou en arc 63° 41′ 15″. En retranchant 6′ 51″, provenant de la différence en longitude entre la batterie Sainte-Marthe et le mât de pavillon du fort Saint-Louis, on aura
pour la longitude du mât de pavillon du fort Saint-Louis, selon MM. Deshayes, Duglos et Varins. . . . . 63° 34′ 24″

à l'occident du méridien de l'Observatoire royal de Paris.

Nous regarderons les deux déterminations précédentes comme peu sûres, les observations de MM. Deshayes, Duglos et Varins ayant conduit plusieurs fois à des résultats en contradiction avec ceux qui ont été donnés par Borda, Bouguer et autres astronomes, sur divers points du globe. Mais on peut obtenir avec assez de précision la position du fort Saint-Louis, en la déduisant de celle du Gros-Morne, déterminée par le P. Feuillée dans les années 1703, 1704 et 1705.

Observations du P. Feuillée au Gros-Morne.

Le P. Feuillée a fait, au Gros-Morne, un grand nombre d'observations qu'il a publiées dans le *Journal* de son voyage aux îles de l'Amérique, et que Borda et Fleurieu ont discutées depuis pour en conclure la longitude du fort Saint-Louis. Ces observations consistent principalement en éclipses des satellites de Jupiter, dont plusieurs eurent des correspondantes à Paris, et la longitude qu'on en déduit par un milieu entre beaucoup de résultats qui s'accordent assez bien entre eux, est de 63° 18′ 45″. Le même astronome observa, le 30 août 1705, l'immersion de σ ♐ au bord obscur de la lune. L'état et la marche de la pendule étaient réglés par des hauteurs correspondantes du soleil.

Cette occultation a été calculée par M. Oltmanns, qui a trouvé ainsi,

pour la longitude du Gros-Morne. . . . . 63° 14′ 18″.

La latitude a été déterminée par les hauteurs méridiennes du soleil, observées avec un anneau astronomique de dix-huit pouces de diamètre, dont on peut trouver la description dans le *Journal* cité plus haut.

Un milieu entre soixante-dix-sept résultats fixent cette latitude par. . . . . 14° 42′ 35″.

On conclura la position du fort Saint-Louis de celle du

Gros-Morne en ajoutant 0° 3′ 44″ à la longitude de ce dernier point, et retranchant 0° 6′ 42″ de sa latitude. Ces deux quantités expriment avec précision les différences en longitude et en latitude qui existent entre l'observatoire du père Feuillée et le fort Saint-Louis ; elles sont déduites de la position du Gros-Morne par rapport au fort Saint-Louis, que nous avons déterminée en assujettissant à plusieurs points de notre triangulation les détails topographiques de la carte de la Martinique, levée, dans les années 1763 et suivantes, par les ingénieurs-géographes.

Ainsi nous aurons pour la longitude du mât de pavillon du fort Saint-Louis, en employant la longitude du Gros-Morne, déduite des éclipses des satellites de Jupiter... 63° 22′ 29″

La longitude de ce même point, en employant la longitude qui résulte de l'occultation du 30 août, sera de............... 63° 18′ 2″

La latitude du mât de pavillon du fort Saint-Louis sera de................. 14° 35′ 53″

Borda et Fleurieu n'ayant eu aucune donnée certaine sur la position du Gros-Morne, supposèrent qu'elle était à 0° 7′ dans l'Est du fort Saint-Louis, et conclurent, pour la longitude du Fort-Royal, d'après celle du Gros-Morne, 63° 25′ 45″ ou 63° 26′ 0″, résultat qui a été inséré dans *la Connaissance des temps*, où il est encore conservé.

Observations de Fleurieu et Pingré au fort St.-Louis.

En 1769, Fleurieu et Pingré (expédition de *l'Isis*) observèrent, sur le terre-plein de la citadelle du fort Saint-Louis, des hauteurs méridiennes d'étoiles, au Nord et au Sud, et conclurent pour la latitude...... 14° 35′ 46″.

Observations de Borda et Pingré.

Trois ans après, Borda et Pingré firent de nouvelles observations avec un quart-de-cercle, et obtinrent plusieurs résultats différant très-peu les uns des autres.

La moyenne donne pour la latitude du fort Saint-Louis............................ 14° 35′ 55″.

Quant à la longitude, ils la déduisirent de la marche des montres de Berthoud, n.° 6 et n.° 8, qui avaient servi, en 1769, dans l'expédition de Fleurieu, et de celle des montres n.os 8 et S, qu'ils avaient eux-mêmes en 1772. En prenant un milieu entre les résultats conclus de la marche de chacune d'elles, depuis le départ de la Praya jusqu'à la Martinique, on obtient,

pour la longitude du fort Saint-Louis....... 63° 29′ 0″.

D'après l'expédition de *l'Isis*, le transport du temps donne, pour la différence en longitude qui existe entre le cap Français et le Fort-Royal de la Martinique, 11° 15′ 3″; et, d'après l'expédition de *la Flore*, cette différence est de 11° 9′ 22″, en se servant de la marche de la montre S.

En prenant, pour différence des méridiens du Cap-Français et du Fort-Royal, 11° 12′ 12″, et adoptant 74° 36′ 0″ pour la longitude du cap Français que Ferrer a publiée dans *la Connaissance des temps* de 1817, et qu'il a conclue de l'observation du passage de Vénus faite par Pingré en 1769, on obtient,

pour la longitude du fort Saint-Louis de la Martinique............................ 63° 23′ 48″.

On peut encore déterminer la longitude du fort Saint-Louis par deux moyens indépendans l'un de l'autre, et concourant tous deux à donner des résultats à peu de chose près les mêmes que le précédent et ceux qui se déduisent de la position du Gros-Morne d'après le père Feuillée. Il suffit pour cela de rapporter chronométriquement le méridien du fort Saint-Louis à ceux de Rio-Janeiro et de la Havane, qu'on peut considérer comme fixés d'une manière presque invariable le premier par les distances de la lune au soleil, dont M. Givry, ingénieur-hydrographe de la marine, a publié les résultats dans *la Connaissance des temps* de 1825 ; le second par les occultations observées par D. Joachim de Ferrer, et consignées dans *la Connaissance des temps* de 1817.

La longitude que nous adoptons pour Rio-Janeiro est celle de la maison du consul général de France, qu'on a fixée par 45° 36′ 5″ à l'occident de Paris, dans l'expédition qui eut pour objet, en 1819 et 1820, la reconnaissance des côtes du Brésil, sous le commandement de M. le baron Roussin. Elle a été conclue d'un grand nombre de distances de la lune au soleil, observées sur divers points de la côte, et de la marche des montres qui donna, durant la campagne, les différences en longitude entre les méridiens passant par ces points et celui de Rio-Janeiro.

A la Havane, Ferrer observa la longitude dans la maison de D. Antonio Robredo, et la conclut, avec beaucoup de précision, de 84° 42′ 20″, à l'occident du méridien de l'Observatoire royal de Paris, par un grand nombre d'occultations d'étoiles, pour lesquelles on eut des correspondantes en Europe.

On déduira la longitude du fort Saint-Louis de la Martinique des deux précédentes, en ajoutant à celle de Rio-Janeiro 17° 45′ 45″, et retranchant 21° 20′ 32″, 7 de celle de la Havane.

Ces deux différences en longitude, qui m'ont été communiquées par M. Givry, furent déterminées dans l'expédition que nous venons de citer, la première par le transport du temps des côtes du Brésil à la Martinique, et la seconde par le transport du temps de la Martinique à la Havane.

On trouvera, dans le premier cas, pour la longitude du fort

Saint-Louis. . . . . 63° 21′ 50″

et dans le second cas. . . . . 63° 21′ 47″,3.

L'accord qui règne entre ces deux résultats est une garantie de l'exactitude de chacun d'eux. Le second est celui que nous avons adopté.

Les travaux dont nous étions chargés à la Martinique ne nous ont pas permis de vérifier la longitude du fort Saint-Louis par nos propres observations. Nous avons cependant essayé de la déterminer par des occultations d'étoiles; et, dans ce but, nous avons cherché, par des calculs approximatifs, à découvrir quelques-unes de celles qu'on pouvait observer au Fort-Royal. Nous reconnûmes, à l'aide de nos calculs, deux de ces occultations que malheureusement nous ne pûmes observer à cause de l'état du ciel. Ce contre-temps nous obligea d'attendre le moment où nos opérations seraient entièrement terminées, pour nous occuper spécialement de la détermination d'une longitude absolue; mais notre départ précipité au commencement de l'hivernage de 1825 nous fit de nouveau renoncer à ce projet, et nous contraignit dès-lors de nous en rapporter entièrement au résultat précédent, qui d'ailleurs présente assez de précision pour faire présumer que la longitude de la Martinique, telle que nous l'avons adoptée, ne peut désormais éprouver que de très-légers changemens.

Détails sur les observations de latitude faites dans la cour de l'Intendance, au Fort-Royal.

Quant à la latitude, nous la conclûmes de nos observations faites dans la cour de l'Intendance, au Fort-Royal, avec un cercle répétiteur de Lenoir, à niveau mobile, de $0^{m},33$ de diamètre. La position de notre observatoire a

2

été rapportée à celle du mât de pavillon du fort Saint-Louis, par un triangle que nous calculâmes immédiatement, en mesurant l'un de ses côtés avec une chaîne en fer. La position de l'hôtel fut trouvée de 14",4 plus septentrionale que celle du fort, et conséquemment il y avait 14",4 à retrancher des latitudes observées.

Quelques jours avant de mesurer les distances au zénit, nous déterminâmes, de la manière suivante, la valeur des parties du niveau adapté à la lunette inférieure de l'instrument. Après avoir placé le limbe dans un plan vertical, et fixé l'un des verniers sur une division déterminée, sur zéro, par exemple, la lunette supérieure fut dirigée sur un objet au moyen de la vis du tambour, et la lunette inférieure amenée à être à-peu-près horizontale. On remarqua, dans cette position, les points de l'échelle auxquels correspondaient les extrémités de la bulle, puis on dérangea tout le système d'un certain nombre de parties du niveau, en donnant quelques tours à la vis du pied; on ramena ensuite sur le point de mire la lunette supérieure par sa vis de rappel, et l'arc parcouru sur le limbe exprima le nombre de parties dont la bulle avait marché dans le mouvement imprimé par la vis du pied. En répétant plusieurs fois cette opération, on déduisit une valeur moyenne de chacune des parties du niveau égale à 6",60.

Dans la mesure des distances zénitales, nous ne nous sommes pas astreints à ramener, après chaque retournement, la bulle à la position qu'elle avait primitivement, dans la crainte de nuire à la célérité des observations. Nous préférâmes de noter successivement les divisions de l'échelle dans deux colonnes réservées, l'une pour les parties du niveau situées du côté de l'oculaire de la lunette inférieure, l'autre pour celles qui se trouvaient du côté de l'objectif, et d'appliquer, d'après ces données, les corrections dépendantes de l'inclinaison de l'axe aux résultats définitifs des séries.

Les indications du baromètre et du thermomètre ont de même été jointes aux tableaux des observations, et nous en avons déduit, à l'aide de la table publiée dans la *Connaissance des temps*, les facteurs par lesquels il fallait multiplier la réfraction moyenne pour déterminer celle qui devait correspondre à l'état actuel de l'atmosphère.

Les positions apparentes des étoiles ont été conclues de leurs positions moyennes données, pour le 1.er janvier 1820, dans la *Connaissance des temps* de 1824; et les effets de la nutation et de l'aberration en ascension droite et en déclinaison calculés sur les tables et les formules publiées par Delambre dans la *Connaissance des temps* de 1788.

Observation de la latitude d'après la méthode de Littrow.

Nous avons suivi, pour les observations de la polaire, la méthode exposée dans la correspondance astronomique du baron de Zach, par M. Littrow, astronome de Vienne. La formule sur laquelle cette méthode est fondée s'adapte au cas le plus général, c'est-à-dire, à celui où l'on observe la polaire à un point quelconque de son cercle; et par cela même elle présente une grande ressource à tout observateur placé, comme nous l'étions aux Antilles, sous un ciel rarement serein; car elle lui donne la facilité de mettre à profit tous les momens où l'état du ciel devient favorable pour mesurer des séries de la polaire. Pendant tout le temps où nous nous sommes occupés de la détermination de la latitude, nous avons remarqué que les nuages arrêtés sur la Martinique par les hautes montagnes dont cette île est couverte, obscurcissaient souvent l'horizon à la hauteur de 30° ou 40°, ou se succédaient si rapidement les uns aux autres, qu'il ne fallait

2 *

jamais compter sur la possibilité d'observer les étoiles circompolaires au moment de leur passage au méridien.

La formule de Littrow se tire du triangle sphérique dans lequel les côtés sont : z ou la distance zénitale de l'astre, p la distance polaire, t l'angle horaire, et $z + x$ le complément de la latitude.

On a d'abord

$$\cos z = \cos(z + x) \cos p + \sin(z + x) \sin p \cos t.$$

Formule de Littrow.

Substituant ensuite à la place de $\cos p$ et de $\sin p$ leurs valeurs en fonction des arcs, et s'arrêtant à la troisième puissance de p, on obtient pour la valeur de x ou de la quantité qu'il faut ajouter à z pour avoir le complément de la latitude,

$$x = p \cos t - \frac{1}{2} p^2 \sin^2 t \cot. z + \frac{1}{3} p^3 \sin^2 t \cos t.$$

Nous joignons ici deux exemples pris dans nos observations, pour donner une comparaison des résultats déduits des distances zénitales de la polaire observée long-temps après son passage au méridien, et de celles des astres observés quelques instans avant et après le passage au méridien.

DÉTERMINATION de la latitude, par les distances méridiennes du bord inférieur du soleil, observées le 6 mars 1824, dans la cour de l'Intendance, au Fort-Royal.

Le 6 mars 1824, nous trouvâmes, par des distances zénitales du soleil, que le midi vrai devait être marqué, en temps de la montre, par 7^h 38′ 28″,2, et nous formâmes, d'après cela, le tableau suivant de nos observations :

NOMBRE des observations.	NIVEAU.		INSTANS des observations donnés par la montre.		ANGLES HORAIRES en temps de la montre.
	oculaire.	objectif.			
1.	29p,0.	36p,5.	7h 32′ 13″,5.	avant midi.	6′ 14″,7.
2.	28 ,0.	37 ,5.	34. 3 ,5		4. 24 ,7.
3.	33 ,5.	32 ,0.	35. 33 ,6.		2. 54 ,6.
4.	33 ,5.	32 ,0.	36. 32 ,6.		1. 55 ,6.
5.	33 ,5.	32 ,0.	38. 8 ,7.		0. 19 ,5.
6.	33 ,5.	32 ,0.	39. 4 ,7.	après midi.	0. 36 ,5.
7.	33 ,5.	32 ,0.	40. 12 ,8.		1. 44 ,6.
8.	33 ,5.	32 ,0.	41. 9 ,8.		2. 41 ,6.
9.	36 ,0.	29 ,0.	42. 39 ,9.		4. 11 ,7.
10.	35 ,0.	30 ,0.	44. 36 ,0.		6. 7 ,8.

Circonstances atmosphériques :

Baromètre........................ 0m,764.

Thermomètre...................... 29c,0.

Temps calme ; de légers nuages ont passé sur le disque du soleil, mais sans le faire disparaître totalement ; les observations n'ont pas été interrompues.

Arc parcouru........................	203°	50′	28″,5.	
Arc simple........................	20.	23.	2 ,8.	
Correction du niveau................ +			1 ,3.	
Réfraction........................ +			21 ,6.	
Parallaxe de hauteur du soleil........ —			2 ,9.	
Demi-diamètre du soleil.............. —		16.	8 ,2.	
Réduction au méridien............... —		1.	14 ,8.	
Distance zénitale vraie du soleil au moment de son passage au méridien...............	20.	5.	59 ,7.	
Déclinaison du soleil lors du passage	5.	29	32 0.	
Latitude........................	14.	36.	27 ,7.	

Détermination de la latitude, par les distances zénitales de la polaire observée le 10 mars, six heures après son passage au méridien.

La montre a été réglée, quelque temps avant de commencer les observations de la polaire, par des distances zénitales du soleil, et nous avons trouvé que son avance sur le temps moyen était de $7^h\ 24'\ 6'',3$.

La position apparente de la polaire a été calculée ainsi que nous l'avons dit plus haut, et nous avons obtenu pour l'ascension droite apparente............. $0^h\ 57'\ 14''$
et pour la déclinaison apparente....... $88^\circ\ 22'\ 32'',3$.

Le passage de l'étoile au méridien, exprimé en temps moyen par la montre, était à $9^h\ 7'\ 58'',3$.

Nous formâmes, d'après cela, le tableau suivant :

NOMBRE des observations.	TEMPS DE LA MONTRE.	NIVEAU. oculaire.	NIVEAU. objectif.	ANGLES HORAIRES en temps moyen.	ANGLES HORAIRES en temps sidéral.
1.	15h 0' 37",4.	38p,5.	36p,5.	5h 52' 39",1.	5h 53' 37",0.
2.	1. 46,4.	39,5.	35,0.	53. 48,1.	54. 46,0.
3.	3. 10,5.	37,5.	37,5.	55. 12,2.	56. 10,5.
4.	4. 13,5.	37,5.	37,5.	56. 15,2.	57. 13,3.
5.	6. 35,6.	37,0.	37,5.	58. 37,3.	59. 36,1.
6.	7. 44,7.	38,0.	36,5.	59. 46,4.	6. 0. 45,5.
7.	9. 6,7.	36,5.	38,0.	6. 1. 8,4.	2. 7,5.
8.	10. 34,8.	37,5.	37,5.	2. 36,5.	3. 36,0.
9.	12. 11,9.	39,5.	35,5.	4. 13,6.	5. 13,5.
10.	13. 19,9.	39,0.	36,0.	5. 21,6.	6. 21,5.
11.	15. 0,0.	39,0.	36,0.	7. 1,7.	8. 1,9.
12.	16. 7,0.	37,5.	37,5.	8. 8,7.	9. 8,9.
13.	18. 32,0.	38,0.	37,0.	10. 38,7.	11. 34,4.
14.	19. 45,0.	38,0.	37,0.	11. 46,7.	12. 47,4.
15.	21. 20,1.	36,0.	38,5.	13. 21,8.	14. 23,0.
16.	22. 45,2.	36,0.	38,5.	14. 46,9.	15. 48,1.
17.	24. 50,2.	37,5.	37,5.	16. 51,9.	17. 53,5.
18.	26. 11,3.	36,0.	39,0.	18. 13,0.	19. 14,9.
19.	27. 46,3.	37,5.	37,5.	19. 48,0.	20. 49,9.
20.	30. 8,4.	38,0.	37,0.	22. 10,1.	23. 12,8.

Circonstances atmosphériques :

Baromètre	0m,764.
Thermomètre	25c,0.

Temps calme; ciel serein pendant la durée entière des observations; l'étoile tranquille et bien visible.

Arc parcouru		1507° 54′ 45″,0
Arc simple		75. 23. 44,2.
Correction du niveau		0,0.
Réfraction	+	3. 29,9.
Somme des termes de la formule qui contiennent la première, la seconde et la troisième puissance de *p*	—	3. 35,7.
Complément de la latitude		75. 23. 38,4.
Latitude		14. 36. 21,6.

Ce dernier résultat diffère seulement de 0″,4 de celui qu'on obtient par un milieu entre les latitudes que présente le résumé suivant. La série d'où il a été déduit a été faite dans des circonstances tout-à-fait favorables, et telles que nous ne les avions pas encore eues pour nos autres observations.

Résumé des diverses observations de latitude que nous avons faites dans la cour de l'Intendance, au Fort-Royal, depuis le 19 février 1824 jusqu'au 17 mars.

Date	Observations	Latitude
19 février..	Par 6 distances du soleil au zénit, observées avant et après le passage au méridien............	14° 36′ 13″,4.
28 février..	Par 10 distances zénitales circomméridiennes du soleil........	14. 36. 19,3.
2 mars....	Par une première série de 8 distances zénitales de la polaire..	14. 36. 18,7.
	Par une seconde série de la polaire, de 8 répétitions.......	14. 36. 20,3.
	Par une troisième série de la polaire, de 8 répétitions.......	14. 36. 24,7.
4 mars...	Par 10 distances zénitales circomméridiennes du soleil........	14. 36. 27,3.
6 mars....	Par 10 distances zénitales circomméridiennes du soleil.......	14. 36. 27,7.
	Par 8 distances zénitales circomméridiennes de Sirius.......	14. 36. 17,1.
8 mars....	Par 8 distances circomméridiennes de Sirius au zénit..........	14. 36. 22,9.
	Par 10 distances zénitales de la polaire..................	14. 36. 24,1.
	Par 12 distances zénitales circomméridiennes de ζ du navire..	14. 36. 24,5.
10 mars...	Par 20 distances zénitales de la polaire....................	14. 36. 21,6.
17 mars...	Par 8 distances zénitales circomméridiennes de Sirius...........	14. 36. 19,2.
	La moyenne, par 126 distances zénitales.....	14. 36 21,06.
	Retranchant 14″,4 pour rapporter la position de l'observatoire à celle du mât de pavillon du fort Saint-Louis, on aura.............	— 14,4.
	Latitude du mât de pavillon du fort Saint-Louis.	14. 36. 7,2.

Tableau comparatif des diverses déterminations que nous avons présentées ci-dessus, relativement à la position géographique du mât de pavillon du fort Saint-Louis.

	LATITUDE.	LONGITUDE.
D'après les observations faites par messieurs Deshayes, Duglos et Varins, en 1682	14° 36′ 4″	63° 34′ 24″
Selon le P. Feuillée	14. 35. 53.	
La longitude, en employant les éclipses des satellites de Jupiter observées par Feuillée, est de	....	63. 22. 29.
La longitude, en se servant de l'occultation observée par le P. Feuillée, au Gros-Morne, est de	....	63. 18. 2.
Selon Fleurieu et Pingré (expédition de *l'Isis*)	14. 35. 46.	
Selon Borda et Pingré (expédition de *la Flore*)	14. 35. 55.	
Longitude déduite de la marche des montres dans les deux expéditions précédentes	....	63. 29. 0.
La longitude du fort Saint-Louis conclue chronométriquement de celle que Ferrer a trouvée pour le Cap-Français, en calculant l'observation du passage de Vénus faite par Pingré en 1769	....	63. 23. 48.
Longitude du fort Saint-Louis conclue par la marche des montres de celle de Rio-Janeiro	....	63. 21. 50.
Longitude du fort Saint-Louis conclue, par la marche des montres, de celle de la Havane	....	63. 21. 47,3.
Latitude du fort Saint-Louis observée par nous	14. 36. 7,2.	

Les deux dernières déterminations, tant en latitude qu'en

Position astronomique adoptée pour le mât de pavillon du fort St.-Louis.

longitude, du tableau qui précède, sont celles que nous avons adoptées pour la position astronomique du mât de pavillon du fort Saint-Louis.

Motifs d'après lesquels notre plan de campagne a été arrêté.

Quoique la longitude n'ait pas été déduite de nos observations, l'accord qui règne entre les résultats ci-dessus doit lui faire accorder beaucoup de confiance. De plus amples vérifications auraient nécessité un travail dont nous ne pouvions nous occuper, après avoir terminé nos observations de latitude vers la fin de mars, sans nous écarter beaucoup de l'objet principal de notre mission. En effet nous avions alors plusieurs motifs pressans pour commencer la reconnaissance hydrographique de l'île : les renseignemens que nous avions puisés en différens lieux s'accordaient tous à démontrer la difficulté presque insurmontable de reconnaître les grandes chaînes de récifs situées sur la côte orientale, tant que les vents alisés souffleraient avec leur force habituelle; ils nous faisaient en même temps envisager les quatre mois d'hivernage comme les seuls pendant lesquels on pût espérer des intervalles de calme, ou des brises assez légères pour tenter de visiter cette partie de l'île dans tous ses détails. A cette considération tout-à-fait déterminante, s'en joignait une autre qui réclamait d'autant plus d'attention de notre part, que nos instructions, en nous recommandant particulièrement la santé de l'équipage confié à nos soins, nous donnaient la faculté de passer aux Saintes la saison entière de l'hivernage, malgré l'inconvénient d'une interruption dans nos travaux. Ayant donc à concilier une mesure aussi importante avec le desir d'éviter toute espèce de retard dans nos opérations, nous consultâmes l'expérience des personnes qu'un long séjour dans les Antilles avait mises en position de faire des remarques sur le plus ou moins de tendance des différentes saisons et de certaines localités à développer le germe des maladies particulières à ces îles. Nous nous convainquîmes par là que nous pouvions, sans perdre l'avantage d'un climat aussi salubre que celui des Saintes, entreprendre la reconnaissance de la côte orientale, durant l'hivernage, et qu'ainsi il était urgent de profiter des mois d'avril, mai et juin, pour compléter la reconnaissance de la baie du Fort-Royal, mesurer en outre une base qui pût servir de fondement à toute la triangulation, et établir ensuite une chaîne de triangles qui nous conduisît vers la partie de l'île où nous nous proposions de passer l'hivernage.

Nos projets étant définitivement arrêtés, nous nous empressâmes de les communiquer à M. le gouverneur ainsi qu'à M. le commandant de la station, qui, les ayant approuvés, voulurent bien en faciliter l'exécution, en affectant spécialement à notre service la goëlette *l'Eclair*, sous le commandement de M. Émile Corbet, alors enseigne de vaisseau.

La goëlette *l'Éclair* est affectée spécialement au service des opérations hydrographiques.

Cette dernière mesure mit fin aux préparatifs que nous avions à faire pour entrer en campagne. Nous la sollicitâmes dans l'intérêt de l'expédition, convaincus par la connaissance que nous fîmes de M. Corbet, et par le desir qu'il nous manifesta de s'associer à nos travaux, malgré les fatigues qu'ils devaient entraîner dans un climat tel que celui des Antilles, qu'on ne pouvait faire un choix plus capable d'en favoriser le succès. Le zèle de cet officier répondit à notre attente; il saisit toutes les occasions où il put prendre part à nos opérations; et ce ne fut que peu de temps avant l'hivernage de 1825, vers la fin de notre mission, qu'il se sépara de nous pour s'embarquer sur la flotte destinée, à cette époque, à faire voile du Fort-Royal pour Saint-Domingue, sous les ordres de M. le contre-amiral Jurien. De retour à Brest, il demanda à coopérer aux rédactions dont nous avions à nous occuper au dépôt général de la marine, et nous donna bientôt de nouveaux motifs de nous féliciter de l'avoir eu pour collaborateur.

OPÉRATIONS HYDROGRAPHIQUES ET GÉODÉSIQUES EXÉCUTÉES, PENDANT LA CAMPAGNE, SUR LES DIVERSES PARTIES DE L'ÎLE.

Commencement des travaux dans la baie du Fort-Royal.

Nous commençâmes à sonder la baie du Fort-Royal en avril, avec l'intention de prendre d'abord une idée générale des bancs qu'elle renferme, ainsi que des passes qui conduisent dans les principaux mouillages, nous réservant d'en venir à un examen plus détaillé, lorsque nous aurions lié les signaux placés sur la côte à des bases connues, et acquis par là les données nécessaires pour tracer exactement les routes faites en sondant.

Ces reconnaissances préliminaires nous donnèrent, au commencement de mai, un aperçu des fonds de la baie ; nous les interrompîmes, le 6 de ce mois, pour nous occuper de la détermination d'une base et de l'établissement d'un réseau trigonométrique, opérations qui présentaient toutes deux, à la Martinique, de nombreux obstacles que nous avions prévus en partie dès notre arrivée, et dont nous ne fîmes que nous convaincre davantage en visitant les localités. La première de ces opérations était impraticable entre la baie du Fort-Royal et la Perle, à cause des montagnes boisées dont cette partie de l'île est hérissée et des vallées profondes qui la sillonnent dans tous les sens ; la seconde ne pouvait y être exécutée que très-difficilement.

Difficultés que présentent, à la Martinique, la mesure d'une base et l'établissement d'un canevas géodésique.

Après beaucoup de recherches faites sur toute la surface de l'île, nous ne trouvâmes que la plaine formée par les alluvions des rivières du Lamentin et du Lézard qui pût convenir à la disposition de nos premiers triangles.

Base mesurée en 1763 dans les plaines du Lamentin, par M. Loupia.

Ce fut dans la plaine dite du Lamentin, et en suivant un canal situé entre les habitations Destournelles et Déculleville, derrière les mangles de la baie du Fort-Royal, que M. Loupia, guidé comme nous par des considérations locales, mesura, en 1763, une base de huit cent soixante-une toises, la plus grande qu'on pût obtenir sur un terrain uni, et celle que nous aurions déterminée nous-mêmes, si les changemens survenus à la surface du sol, par suite des cultures et par l'accroissement des palétuviers près de l'embouchure du canal, n'avaient offert de trop grands obstacles à l'accomplissement de ce projet. Contraints de chercher un autre emplacement à travers les riches plantations de la plaine du Lamentin, nous traçâmes l'alignement de notre base entre les habitations Destournelles et Larenty, sur un chemin interrompu dans un seul endroit par un canal large d'environ trente mètres, et présentant une surface plane sur laquelle on pouvait développer douze cents mètres en ligne droite.

Lieu choisi en 1824 dans la plaine du Lamentin pour mesurer une base, et préparatifs qui précèdent cette mesure.

Cette base, quoique bien petite pour y appuyer tous nos triangles, pouvait cependant, comme on le verra plus tard par les vérifications de la triangulation, conduire à des résultats très-satisfaisans. Il suffisait pour cela de ne négliger aucune des précautions qu'exige l'exactitude la plus minutieuse dans le procédé d'après lequel nous devions la déterminer. Avant d'entreprendre sa mesure, nous fîmes élever, à chacun de ses bouts, une pyramide en bois haute de cinq mètres et terminée par un sommet très-aigu, pour ne laisser aucune incertitude sur le pointé, dans l'observation des angles. Les deux extrémités de cette base devant être aux points de projection du sommet des pyramides sur le terrain, nous marquâmes soigneusement ces points, à l'aide du fil à plomb, sur des plaques de cuivre placées au niveau du sol. Enfin, après avoir disposé des jalons dans la direction de la base, nous procédâmes, le 8 mai, à sa mesure.

Étalonnage de nos règles avec le comparateur de Lenoir.

Nos règles en fer avaient été étalonnées, ainsi que nous l'avons dit plus haut, au moyen du comparateur de Lenoir, sur un double-mètre du même métal, que cet artiste construisit en même temps que les mètres en fer demandés par la commission des poids et mesures pour servir dans les étalonnages ordinaires. Elles étaient terminées par des arètes vives auxquelles furent rapportées les comparaisons faites sur le double-mètre. On trouva ainsi que
la règle notée n.° 1 représentait.......... 2^{m},0000090.
à la température de la glace fondante;
la règle notée n.° 2 représentait à zéro..... 1^{m},9999936.

Mesure de la base de la plaine du Lamentin.

En portant ces règles dans l'alignement de la base, ce que nous faisions au moyen de viseurs placés vers leurs extrémités, nous ne les mettions point en contact, dans la crainte d'émousser leurs arètes et de produire un recul; mais nous mesurions l'intervalle qui les séparait, au moyen d'un petit coin en cuivre terminé par une tête carrée de huit millimètres de côté, et dont les faces étaient divisées en quarante millimètres, comptés à partir de l'angle jusqu'à la tête.

Moyen employé pour mesurer l'intervalle existant entre les règles, à chaque portée.

L'usage de cet instrument est très-simple : on conçoit en effet que, si les deux règles étaient éloignées l'une de l'autre de huit millimètres, le coin posé librement entre elles descendrait jusqu'à ce que la division *quarante* correspondît exactement à leurs arètes, et que, dans le cas où l'intervalle serait moindre, ce qui est toujours arrivé, il serait exprimé par le cinquième du nombre de millimètres marqués par le coin au niveau des arètes.

Pour obtenir l'inclinaison des règles, nous imaginâmes un niveau à bulle d'air dont le mécanisme et l'emploi peuvent s'expliquer sans figure.

Mesure de l'inclinaison des règles, au moyen d'un niveau à bulle d'air.

La monture de ce niveau portait, vers l'un de ses bouts, deux petites pointes d'acier, et vers l'autre, une vis dont l'axe lui était perpendiculaire et était éloigné des pointes de douze centimètres. C'était par l'extrémité de la vis, ou, pour parler plus exactement, par celle de son axe et par les pointes, que cet instrument reposait sur la surface dont on voulait avoir l'inclinaison. Près du niveau, une tige en cuivre, graduée en millimètres et fixée perpendiculairement à la monture, était destinée à faire connaître la quantité dont la tête de vis s'élevait ou s'abaissait, lorsqu'on lui donnait un certain nombre de tours. On avait adapté, dans ce but, à cette tête un cercle indicateur dont la circonférence atteignait presque la tige en cuivre, et donnait ainsi le moyen de lire la division à laquelle il correspondait avant et après le mouvement imprimé à la vis.

Cela posé, le zéro des divisions de la tige correspondant à l'horizon ayant été déterminé par des retournemens successifs du niveau, l'inclinaison de chaque portée de règle pouvait se déduire du nombre de millimètres qu'on faisait parcourir à l'indicateur, au-dessus ou au-dessous de zéro, pour ramener la bulle entre ses repères. Pour abréger les calculs, nous avons dressé une table où étaient renfermés les angles correspondans aux millimètres de la tige du niveau et les quantités à soustraire des longueurs des règles pour les ramener au plan horizontal.

Aussitôt qu'une règle venait d'être alignée, on en mesurait la température au moyen d'un thermomètre appliqué contre elle, et l'on inscrivait dans une table contenant cinq colonnes, 1.° le n.° des portées, 2.° le n.° de chaque règle, 3.° les divisions du coin correspondantes au niveau des arêtes, 4.° le nombre de millimètres parcourus par l'indicateur sur la tige du niveau, au-dessus ou au-dessous de zéro, 5.° la température. Enfin on eut la précaution, après chaque journée, de marquer sur une plaque de cuivre placée à fleur de terre, le point où la mesure de la base devait être interrompue et reprise le lendemain.

Le 11 mai, nous achevâmes de transporter nos règles jusqu'à la rive orientale du canal, ce qui compléta la mesure de la première partie de la base; nous déterminâmes ensuite, à l'aide d'un petit triangle, l'intervalle établi par la largeur du canal, entre cette première partie et la seconde qui restait à mesurer pour arriver à la pyramide occidentale. Cette dernière opération fut terminée le 13 mai au matin, et nous commençâmes immédiatement après à observer, avec le cercle répétiteur, les séries d'où nous nous proposions de déduire les angles de nos premiers triangles. Nos observations ont été faites, sous chacune des pyramides, à une certaine distance du fil à plomb; et comme les côtés de ces premiers triangles étaient très-petits, et que de légères erreurs dans la position de l'instrument pouvaient en introduire de très-sensibles dans les angles réduits, nous nous sommes attachés à avoir très-exactement les élémens nécessaires pour la réduction au centre de la station. Quatre triangles suffirent pour lier aux deux pyramides le sémaphore du fort Bourbon et celui du morne Constant, distans l'un de l'autre de près de onze cents mètres, et situés, le premier au-dessus de la ville du Fort-Royal, le second sur les hauteurs qui dominent, dans le sud, la paroisse des Trois-Ilets, et dans le nord, celle du Diamant. Il ne s'agissait plus que de calculer la base, d'après les données que nous avions recueillies.

Ces calculs furent faits séparément par M. Duperré et par moi, puis comparés entre eux, pour être assurés qu'il ne s'y était glissé aucune erreur. Calcul de la base du Lamentin.

La première partie de la base, ou celle qui est située entre la pyramide orientale et le canal, fut trouvée de..	620^{m},68934.
La seconde partie..........................	469 ,45047.
L'intervalle qui les sépare..................	48 ,09657.
Base du Lamentin..........................	1138 ,23638.

Telle est la distance sur laquelle s'appuie toute notre triangulation. Une seconde mesure avec nos règles aurait levé toute espèce d'incertitude au sujet de sa précision; mais, pouvant faire servir les deux parties de la base du Lamentin à la vérification des deux côtés qui lui sont adjacens dans le premier triangle formé sur elle, cette opération longue et pénible n'était point nécessaire; elle ne le serait devenue d'ailleurs, dans le cours de la campagne, qu'autant que nous aurions trouvé des discordances entre les résultats déduits de la triangulation générale et ceux auxquels nous serions parvenus à l'aide des bases auxiliaires que nous nous proposions de déterminer. Nous nous bornâmes donc à répéter la mesure avec nos chaînes en fer, qui donnèrent, pour la distance des pyramides, 1137^{m},9.

Après avoir obtenu la base du Lamentin et calculé les positions des points trigonométriques de la baie du Fort-

Royal, nous nous occupâmes à compléter l'hydrographie de cette baie et à poursuivre le projet que nous avions conçu de lier, avant l'hivernage, quelques-uns des points principaux de la côte orientale, à la distance qui joint le sémaphore du fort Bourbon à celui du morne Constant. Le Vauclin nous offrait une position favorable pour opérer cette jonction : son point culminant pouvait même servir de sommet commun à plusieurs grands triangles étendus sur la portion de la surface de l'île qui est comprise entre la baie du Fort-Royal, le havre de la Trinité et la pointe des Salines ; car il domine sur tout cet espace. Nous jugeâmes donc à propos de nous y transporter, dans les premiers jours de juillet, pour y établir un signal. La crête de cette montagne est étroite, et se dirige du Nord-Nord-Ouest au Sud-Sud-Est, sur une longueur de deux cents toises ; elle est parsemée de blocs de roches qui ont une action très-marquée sur l'aiguille aimantée, propriété dont jouissent vraisemblablement aussi les grandes masses de rochers dont elle se compose. A partir de l'habitation caféyère de M. Pozzo, située à environ trois cents mètres au-dessous du sommet du Vauclin, la pente du terrain est très-escarpée ; mais cet obstacle n'est pas le plus grand que nous eûmes à surmonter : nous trouvâmes la cime de la montagne couverte de grands arbres que nous ne pûmes parvenir à faire abattre entièrement après trois jours d'un travail continué sans relâche par plusieurs nègres des habitations voisines. Notre point de station ne resta isolé, pour le moment, que du côté de la baie du Fort-Royal et des parties de l'île où nous nous disposions à prolonger la chaîne de nos triangles. Nous y élevâmes un signal de forme cylindrique, en réunissant plusieurs arbres qui portent dans le pays le nom de gommiers, et dont l'écorce blanchâtre servit à nous le faire distinguer de plusieurs posi-

Établissement d'un signal sur la montagne du Vauclin, et remarques au sujet de cette montagne.

tions où nous le voyions se projeter sur les massifs de bois que nous laissâmes subsister.

Lorsque ce sommet principal de notre canevas géodésique eut été placé, M. Duperré entreprit, avec le cercle répétiteur, les observations nécessaires pour arriver à la détermination des distances qui devaient servir de fondement à la triangulation de la côte orientale. Il les continua jusqu'au 23 juillet, époque où je terminai moi-même les sondes de la baie du Fort-Royal. Nous nous rendîmes alors au havre de la Trinité avec la goëlette *l'Éclair* et nos embarcations, et nous y commençâmes immédiatement nos opérations hydrographiques, dans l'intention de les étendre, durant l'hivernage, aussi loin qu'il serait possible vers la pointe des Salines et la Perle.

Départ pour le havre de la Trinité, après avoir terminé la reconnaissance de la baie du Fort-Royal.

La pointe du Marigot marque, de ce dernier côté, la limite des reconnaissances faites dans la saison de l'hivernage, et le signal que nous y avons placé est le point le plus éloigné que nous ayons pu rattacher, dans cette partie de l'île, aux bases obtenues dans les environs de la Trinité. Pour pouvoir continuer nos travaux au-delà de cette pointe, en allant vers la Perle, il eût d'abord fallu revenir sur nos pas, afin de former sur la distance du sémaphore Vertpré au sémaphore Bourbon un nouvel enchaînement de stations que nous aurions dirigé vers l'intérieur de la colonie, et conduit ensuite dans les quartiers de la Grande-Anse, de la Basse-Pointe et du Macouba. Cette marche présentait quelques avantages sous le rapport de la disposition des triangles que nous avions à établir dans ces trois paroisses; mais les localités la rendaient tellement pénible, que nous n'aurions pu la suivre sans nous écarter beaucoup du plan de campagne que nous nous étions tracé, d'après les motifs exposés plus haut.

Travaux exécutés pendant l'hivernage de 1824 sur la côte orientale.

Ainsi, après avoir terminé les sondes, la topographie de la

côte et la triangulation entre la pointe du Marigot, la Caravelle et la presqu'île de ce nom, nous employâmes le reste de l'hivernage à nous rapprocher du canal de Sainte-Lucie, par une suite d'opérations telles que les précédentes, exécutées dans les parages du Galion, des havres du Robert, du François, &c.

Le 16 octobre, nous partîmes pour la baie du Fort-Royal, après avoir terminé nos opérations sur la côte orientale, dans le cul-de-sac Frégate, et laissé, sur les îlets et la côte qui avoisinent cette partie de l'île, des signaux destinés à marquer jusqu'où nous avions poussé notre triangulation vers le sud, et à indiquer les côtés sur lesquels il faudrait s'appuyer pour la continuer plus tard vers la pointe des Salines. Le point extrême déterminé est le signal de la pointe du Vauclin, qui se lie à ceux de la montagne du Vauclin et de l'îlet Thierry.

Étendue du réseau des triangles de la première suite.

Ainsi le réseau trigonométrique que nous formâmes, depuis le commencement de nos travaux jusqu'à la fin de l'hivernage de 1824, couvre toute la baie du Fort-Royal, s'appuie sur les montagnes les plus élevées de la partie méridionale de l'île, et vient embrasser le développement de côte compris entre les pointes du Marigot et du Vauclin. La composition de ce réseau et la manière dont s'enchaînent nos stations sont exposées dans le tableau ci-joint de la première série de nos triangles, à la suite duquel nous avons présenté aussi les vérifications obtenues dans le cours de la campagne. On pourra également en juger à l'aide de la carte trigonométrique. Nous avons suivi le même ordre pour deux autres chaînes qui complètent, avec la précédente, le canevas géodésique établi sur toute la surface de l'île.

Étendue du réseau des triangles

Les triangles de la seconde série s'étendent, vers le sud, depuis la baie du Fort-Royal jusqu'à la pointe des Salines, qui couvrent la partie méridionale de l'île, ou des triangles de la seconde suite.

et, sur la côte orientale, depuis cette pointe jusqu'au signal placé sur celle du Vauclin. Cette dernière station est donc un point de jonction entre la première et la seconde série, à l'aide duquel nous avons pu nous assurer de l'exactitude de chacune d'elles. Ce moyen de vérification nous ayant pleinement satisfaits, il ne s'agissait plus que de nous assurer de la précision de la base du Lamentin, que nous n'avions mesurée qu'une fois; c'est ce que nous fîmes en mesurant, dans les premiers jours de décembre, entre Sainte-Anne et le cul-de-sac Marin, sur un terrain plat élevé de trois pieds au-dessus du niveau de la mer, une petite base de 560^{m},7, d'où nous conclûmes, par trois triangles, un côté de 5299^{m},57, qui ne diffère que de 0^{m},70 de celui que nous avions obtenu par la triangulation générale.

Base de vérification.

Opérations hydrographiques exécutées dans la partie méridionale de l'île, depuis le 7 novembre jusqu'au 1.er janvier 1825.

Dans l'intervalle du 7 novembre 1824 au 1.er juillet 1825, nous étendîmes nos opérations hydrographiques et géodésiques du cap Salomon à la pointe Baham. Nous voulûmes ensuite visiter la partie de l'île qui est comprise entre cette dernière pointe et le cul-de-sac Frégate, afin de ne laisser aucune interruption dans les reconnaissances de la côte orientale, depuis la pointe des Salines jusqu'à celle du Marigot; mais comme nous étions alors dans la saison où les vents alisés soufflent avec le plus de force, il était présumable que la grande chaîne de récifs formée au large des culs-de-sac du Simon, du Sans-Souci et du Vauclin, serait rarement accessible jusqu'à la fin de mars. Nous nous décidâmes donc à attendre les brises faibles qu'on remarque ordinairement aux approches de l'hivernage, et à commencer les travaux que nous avions à faire entre la baie du Fort-Royal, Saint-Pierre et la pointe du Marigot, où avaient été interrompus, en août 1824, ceux de la côte orientale.

Motifs qui, au 1.er janvier 1825, nous décidèrent à interrompre ces opérations pour entreprendre celles de la partie septentrionale de l'île.

Difficultés que présente l'établissement du reseau trigonométrique de la partie septentrionale de l'île.

Le réseau trigonométrique qui couvre la partie de l'île que nous venons de désigner, renferme, comme on peut le voir sur le tableau de la troisième série et sur la carte trigonométrique, plusieurs triangles dont les côtés sont très-petits. Cet inconvénient tient à des difficultés locales qui étaient inévitables, dans l'obligation où nous nous sommes trouvés d'arriver à Saint-Pierre par une chaîne de triangles formée sur les côtés déterminés dans la baie du Fort-Royal à l'aide de la première série. Dans les environs de la Perle surtout, nous avons été obligés de restreindre considérablement la grandeur de nos triangles, et c'est seulement après avoir atteint le quartier de la grande rivière, que nous avons commencé à pouvoir leur donner une disposition plus avantageuse. Au-delà de la grande rivière, l'aspect du pays change subitement : on ne rencontre plus de mornes escarpés et de précipices qui interceptent les communications à chaque pas; le terrain, dans les riches paroisses du Macouba, de la Basse-Pointe et de la Grande-Anse, présente presque partout une surface légèrement ondulée, et rompue, seulement dans quelques endroits, par des ravines qui prennent naissance dans les hauteurs de la montagne Pelée, de la Calebasse, du morne Jacob, &c., et viennent aboutir à la mer.

Nous avons lié le signal de la Grande-Anse à ceux de la grande rivière par un petit nombre de triangles établis sur les paroisses que nous venons de citer, et la position de ce signal a été déduite de la première et de la troisième série; ce qui nous a donné, sur l'exactitude de chacune d'elles, une vérification qui est exposée à la suite du tableau de la troisième série.

Fin des travaux sur la partie

Dans les premiers jours d'avril, la reconnaissance de la côte sur le canal de la Dominique ayant été faite jusqu'à la pointe du Marigot, lieu où nous avions arrêté nos opérations dans l'hivernage de 1824, il ne restait plus, pour compléter la reconnaissance de toutes les côtes, qu'à visiter la partie comprise entre le cul-de-sac Frégate et la pointe Baham.

septentrionale de l'île.

Les circonstances devenaient de plus en plus favorables pour entreprendre ces derniers travaux; les vents alisés avaient beaucoup diminué de force depuis les mois de janvier et février, et nous avions tout lieu d'espérer qu'ils s'affaibliraient encore. Nous quittâmes donc, sans attendre l'hivernage, la côte occidentale pour nous rendre, avec *l'Éclair* et nos embarcations, dans l'un des mouillages situés aux environs du Vauclin. Le 20 avril, en arrivant à la pointe des Salines, nous trouvâmes de forts courans, portant à l'Ouest, qui nous empêchèrent de la doubler et nous contraignirent de passer la nuit sur la rade de Sainte-Anne. Le lendemain, il faisait un calme presque parfait; mais les courans avaient changé de direction. Comme ils portaient au Nord-Est, ce qu'il faut considérer comme une exception à la loi générale des courans dans les Antilles, nous pûmes en profiter pour nous rapprocher du Vauclin dans le cours de la journée. Enfin, le 22 au matin, nous mouillâmes dans le cul-de-sac du Sans-Souci, et nous nous occupâmes immédiatement après à disposer les triangles qui devaient embrasser l'étendue de côte que nous avions à reconnaître.

Départ pour l'un des mouillages situés aux environs du Vauclin.

Courant accidentel observé à la pointe des Salines.

Arrivée au mouillage du Sans-Souci, et dispositions des derniers triangles du canevas géodésique de la Martinique.

Nous plaçâmes, à l'extrémité méridionale de la crête du Vauclin, un signal qu'on pouvait lier à ceux de l'îlet Thierry et de la pointe du Vauclin; ce qui nous dispensa de faire abattre une grande quantité d'arbres qui s'opposaient à ce qu'on découvrît, du point culminant de la montagne où était notre ancienne station, le développement de côte compris entre le cul-de-sac du Sans-Souci et le cap Ferré. La distance du signal auxiliaire à celui de la pointe servit ensuite à appuyer les triangles qui couvrent cette partie de l'île, comme on peut le voir dans le tableau de la deuxième série.

Opérations hydrographiques qui complètent la reconnaissance de l'île.

Nos reconnaissances hydrographiques furent reprises au point où elles avaient été interrompues, à la fin de l'hivernage de 1824, c'est-à-dire, à l'entrée du cul-de-sac Frégate et dans l'Est de l'ilet Thierry, sur les hauts-fonds qui tiennent à la caye Pinsonnelle. Nous les avons continuées sans relâche, visitant, lorsque les vents soufflaient avec force, les mouillages, les passes particulières qui y conduisent, ainsi que le canal formé par la grande chaîne de récifs qui règne au large de la côte, et profitant de tous les momens où les brises s'affaiblissaient, pour explorer la partie orientale de cette chaîne et plusieurs passes à l'aide desquelles on peut la traverser, mais dans des cas pressans seulement, attendu que la mer y est toujours grosse et y brise, pour peu que les vents viennent à fraîchir.

Fin des opérations dans le cul-de-sac des Anglais.

Nous complétâmes la reconnaissance des côtes de la Martinique, le 25 juin 1825, dans le cul-de-sac des Anglais, et peu de jours après, lorsque nous fûmes certains qu'il n'existait point de lacune dans nos opérations hydrographiques, ni d'erreurs dans les résultats de la triangulation, nous revînmes au Fort-Royal pour nous préparer à quitter l'île avant la saison de l'hivernage qui était sur le point de commencer. Il ne se trouvait alors sur la rade du Fort-Royal aucun bâtiment de l'État qui dût partir prochainement pour la France; mais M. le comte Donzelot, dont la bienveillance nous avait déjà été si utile, nous ayant autorisés à

Départ pour Bordeaux.

effectuer notre retour sur un bâtiment de commerce, nous nous embarquâmes sur *le Ferdinand-et-Adolphe*, qui partit le 11 juillet de la rade de Saint-Pierre, et nous arrivâmes dans la rivière de Bordeaux cinquante-huit jours après cette époque.

Nota. Les méthodes d'après lesquelles nous avons exécuté les opérations hydrographiques sont exposées, par M. Beautemps-Beaupré, à la suite de la relation du voyage du contre-amiral Dentrecasteaux.

TABLEAU DES TRIANGLES DE LA PREMIÈRE SÉRIE.

NUMÉRO des triangles.	NOMS des sommets des triangles.	ANGLES réduits à l'horizon et au centre.	ANGLES corrigés pour le calcul.	CÔTÉS opposés en mètres.
1.	Signal oriental de la base....	91° 51′ 21″,7.	91° 51′ 14″,5.	3645m,57.
	Signal occidental de la base..	69. 57. 52 ,2.	69. 57. 45.	3426 ,69.
	Signal du Trou-au-Chat.....	18. 11. 7 ,8.	18. 11. 0 ,5.	1138 ,23.
		180. 0. 21 ,7.		
2.	Signal oriental de la base....	46. 16. 32 ,50.	46. 16. 29 ,86.	4094 ,96.
	Signal du Trou-au-Chat.....	96. 31. 0 ,45.	96. 30. 55 ,80.	5629 ,87.
	Signal du Gros-Ilet........	37. 12. 47 ,99.	37. 12. 34 ,34.	3426 ,69.
		180. 0. 20 ,94.		
3.	Signal oriental de la base....	86. 59. 16 ,90.	86. 59. 24 ,3.	9034 ,14.
	Signal du Gros-Ilet.........	54. 31. 21 ,26.	54. 31. 28 ,6.	7367 ,25.
	Sémaphore Bourbon........	38. 28. 59 ,72.	38. 29. 7 ,1.	5629 ,87.
		179. 59. 37 ,88.		
4.	Signal oriental de la base....	97. 0. 26 ,26.	97. 0. 29 ,6.	13698 ,50.
	Sémaphore Bourbon.......	50. 43. 42 ,13.	50. 43. 45 ,5.	10684 ,68.
	Sémaphore du morne Constant.	32. 15. 41 ,32.	32. 15. 44 ,9.	7367 ,25.
		179. 59. 49 ,71.		
5.	Sémaphore Bourbon.......	49. 53. 12 ,20.	49. 53. 5 ,39.	15569 ,76.
	Sémaphore Constant........	87. 49. 44 ,67.	87. 49. 37 ,86.	20344 ,66.
	Signal de la mont. du Vauclin.	42. 17. 23 ,57.	42. 17. 16 ,75.	13698 ,50.
		180. 0. 20 ,44.		

NUMÉRO des triangles.	NOMS des sommets des triangles.	ANGLES réduits à l'horizon et au centre.	ANGLES corrigés pour le calcul.	CÔTÉS opposés en mètres.
6.	Sémaphore Bourbon........	59° 10′ 21″,16.	59° 10′ 21″,16.	17646m,27.
	Signal de la mont. du Vauclin.	38. 55. 34,74.	38. 55. 34,74.	12911 ,76.
	Sémaphore du morne Vert-Pré.	81. 54. 5,15.	81. 54. 4,10.	20344 ,66.
		180. 0. 1,5.		
7.	Sémaphore du morne Vert-Pré.	104. 14. 56,16.	104. 14. 54,39.	22013 ,91.
	Signal de la mont. du Vauclin.	24. 46. 15,50.	24. 46. 13,72.	9516 ,23.
	Sémaphore de la Tartanne...	50. 58. 53,66.	50. 58. 51,89.	17646 ,27.
		180. 0. 5,32.		
8.	Sémaphore du morne Vert-Pré.	37. 1. 28,9.	"	5882 ,0.
	Sémaphore de la Tartanne...	66. 1. 8,9.	"	8924 ,9.
	Signal de l'ilet Saint-Aubin...	76. 57. 22,2.		9516 ,23.
9.	Signal Saint-Aubin.........	42. 14. 20.	"	6714 ,93.
	Sémaphore de la Tartanne...	101. 41. 10.	"	9782 ,00.
	Rocher de la Caravelle......	36. 4. 30.	Conclu.	5882 ,00.
10.	Rocher de la Caravelle......	67. 5. 40.	Conclu.	15104 ,7.
	Sémaphore de la Tartanne...	87. 49. 20.	"	16295 ,2.
	Signal du Marigot.........	24. 19. 0.	"	6714 ,9.
11.	Rocher de la Caravelle......	24. 23. 30.	Conclu.	6302 ,1.
	Signal Saint-Aubin.........	115. 44. 30.	"	13746 ,0.
	Signal du Pain-de-Sucre.....	39. 52. 0.	"	9782 ,0.

NUMÉRO des triangles.	NOMS des sommets des triangles.	ANGLES réduits à l'horizon et au centre.	ANGLES corrigés pour le calcul.	CÔTÉS opposés en mètres.
12.	Sémaphore du morne Vert-Pré.	92° 30′ 24″,00.	92° 30′ 24″,00.	22365m,04.
	Signal de la mont. du Vauclin.	35. 28. 21 ,62.	35. 28. 13 ,52.	12990 ,47.
	Signal Caracoli...........	52. 1. 22 ,48.	52. 1. 22 ,48.	17646 ,27.
		180. 0. 8 ,10.		
13.	Sémaphore Vert-Pré.......	82. 9. 36.	//	18073 ,5.
	Signal Caracoli............	52. 26. 20.	//	14462 ,0.
	Moulin Luci.............	45. 24. 4.		12990 ,47.
14.	Signal de la mont. du Vauclin.	60. 19. 50 ,81.	60. 19. 55 ,25.	15335 ,9.
	Sémaphore du morne Vert-Pré.	28. 33. 2 ,93.	28. 33. 2 ,93.	8435 ,4.
	Signal Thierry...........	91. 7. 1 ,82.	91. 7. 1 ,82.	17646 ,29.
		179. 59. 55 ,56.		
15.	Signal de la mont. du Vauclin.	51. 0. 15 ,01.	51. 0. 8 ,01.	6597 ,1.
	Signal Thierry...........	45. 31. 22 ,60.	45. 31. 15 ,60.	6058 ,7.
	Signal de la pointe du Vauclin.	83. 28. 43 ,39.	83. 28. 36 ,39.	8435 ,4.
		180. 0. 21 ,00.		
16.	Sémaphore Bourbon........	36. 19. 29 ,73.	36. 19. 29 ,90.	8177. 10.
	Sémaphore Constant.......	46. 36. 31 ,23.	46. 36. 31 ,40.	10031 ,19.
	Signal du Trou-au-Chat.....	97. 3. 58 ,54.	97. 3. 58 ,70.	13698 ,50.
		179. 59. 59 ,50.		
17.	Sémaphore Bourbon........	69. 18. 28 ,30.	69. 18. 32 ,54.	10467 ,79.
	Signal du Trou-au-Chat.....	46. 59. 26 ,27.	46. 59. 30 ,22.	8182 ,40.
	Signal de l'ilet à Ramiers....	63. 41. 53 ,60.	63. 41. 57 ,24.	10031 ,19.
		179. 59. 48 ,17.		

NUMÉRO des triangles.	NOMS des sommets des triangles.	ANGLES réduits à l'horizon et au centre.	ANGLES corrigés pour le calcul.	CÔTÉS opposés en mètres.
18.	Sémaphore Bourbon........	107° 58′ 46″,50.	//	11575m,45.
	Signal de l'îlet à Ramiers....	29. 46. 16,27.	//	6042,73.
	Sémaphore de la Démarche..	42. 14. 57,23.	*	8182,40.
19.	Signal du Trou-au-Chat.....	31. 5. 25,69.	31° 5′ 19″,04.	6165,11.
	Signal de l'îlet à Ramiers....	87. 39. 42,68.	87. 39. 36,02.	11929,52.
	Signal des Nègres..........	61. 15. 11,60.	61. 15. 4,94.	10467,79.
		180. 0. 19,97.		

Nota. Dans les triangles 8, 13 et 18, deux angles ont été observés avec le cercle répétiteur, et le troisième, avec l'un des théodolites qui ont servi pour nos opérations de détail; mais comme ce troisième angle n'a pu être déterminé avec une précision comparable à celle des deux autres, nous l'avons conclu de ces derniers; et, pour le distinguer dans ce tableau, comme dans ceux qui suivent, nous l'avons marqué d'un astérisque.

Dans les triangles 9, 10 et 11, les angles au rocher de la Caravelle ont été conclus, parce qu'on n'a pas pu faire station sur ce rocher. Quant aux autres angles, ils ont été observés avec les théodolites; mais on ne s'est pas servi des côtés qui en ont été déduits, pour continuer la triangulation.

Dans le tableau qui précède, comme dans les deux suivans, nous n'avons présenté que les triangles d'où nous avons déduit la longueur des côtés auxquels se rattachent nos opérations de détail. L'ordre dans lequel ils se succèdent fait connaître la manière dont s'enchaînent nos stations principales sur la surface de l'île.

Outre ces triangles, nous en avons formé d'autres à l'aide desquels nous avons vérifié l'exactitude des côtés qui devaient servir à continuer le réseau trigonométrique. Ces derniers ne sont pas insérés dans les tableaux.

Base de vérification mesurée dans le bourg de la Trinité.

La base de la plaine du Lamentin n'ayant été mesurée qu'une seule fois, il devenait important de nous assurer s'il ne s'y était glissé aucune erreur. A cet effet, nous mesurâmes dans la principale rue du bourg de la Trinité, avec une chaîne en fer de 20 mètres, une petite base de 319^{m},18, de laquelle nous conclûmes pour le côté qui joint les signaux 2 et 1 situés dans le havre de la Trinité 756^{m},0, résultat qui ne diffère que de 0^{m},42 de celui auquel nous fûmes conduits par la triangulation générale. Cet accord, quoique très-satisfaisant, ne nous parut cependant pas devoir nous dispenser d'une autre vérification, vu le peu de longueur du côté que nous venions de déterminer et l'imperfection du procédé suivi pour obtenir la base de la Trinité : nous jugeâmes donc à propos d'attendre l'occasion où nous pourrions faire usage de nos règles sur un terrain uniforme, pour mesurer une nouvelle base avec autant de soin que nous en avions apporté précédemment pour la même opération dans la plaine du Lamentin. (*Voyez*, pour cette mesure et les résultats qui s'en déduisent, les éclaircissemens placés à la suite du tableau de la seconde série.)

TABLEAU DES TRIANGLES DE LA SECONDE SÉRIE.

NUMÉRO des triangles.	NOMS des sommets des triangles.	ANGLES réduits à l'horizon et au centre.	ANGLES corrigés pour le calcul.	CÔTÉS opposés en mètres.
1.	Signal de la mont. du Vauclin.	48° 8' 30",59.	48° 8' 30",59.	16903m,80.
	Signal du morne du Diamant.	63. 41. 21,76.	63. 41. 21,76.	20344,66.
	Sémaphore du fort Bourbon..	68. 10. 12,26.	68. 10. 7,65.	21068,20.
		180. 0. 4,61.		
2.	Signal de la mont. du Vauclin.	75. 39. 11,10.	75. 39. 9,14.	21615,57.
	Signal du morne du Diamant.	33. 33. 54,48.	33. 33. 52,52.	12335,47.
	Signal Crèvecœur..........	70. 47. 0,30.	70. 46. 58,34.	21068,20.
		180. 0. 1,26.		
3.	Signal de la mont. du Vauclin.	67. 41. 10,65.	//	19821,38.
	Signal Crèvecœur..........	77. 9. 46,35.	//	20890,20.
	Signal du rocher du Diamant..	35. 9. 3,0.	*	12335,47.
4.	Sémaphore Bourbon.......	18. 17. 6,87.	18. 17. 5,61.	5801,51.
	Sémaphore Constant.......	113. 54. 47,44.	113. 54. 47,44.	16904,11.
	Signal du morne du Diamant.	47. 48. 6,95.	47. 48. 6,87.	13698,50.
		180. 0. 1,26.		
5.	Sémaphore Constant.......	24. 53. 30,13.	//	2920,54.
	Signal du morne du Diamant.	98. 22. 37,91.	//	6864,70.
	Signal du rocher du Diamant.	56. 43. 51,96.	*	5801,51.

NUMÉRO des triangles.	NOMS des sommets des triangles.	ANGLES réduits à l'horizon et au centre.	ANGLES corrigés pour le calcul.	CÔTÉS opposés en mètres.
6.	Signal du rocher du Diamant.	79° 46′ 10″,58.	*	16241ᵐ,17.
	Sémaphore Constant.......	75. 39. 3 .44.	〃	15988 ,64.
	Signal Dunkerque.........	24. 34. 45 ,98.	〃	6864 ,70.
7.	Sémaphore Constant.......	20. 48. 1 ,76.	20° 48′ 8′,16.	2165 ,87.
	Signal du morne du Diamant.	87. 9. 10 ,19.	87. 9. 16 ,58.	6091 ,06.
	Signal du morne Gentil.....	72. 2. 28 ,87.	72. 2. 35 ,26.	5801 ,51.
		179. 59. 40 ,82.		
8.	Signal du morne du Diamant.	29. 3. 41 ,96.	29. 3. 40 ,46.	1201 ,61.
	Signal du morne Gentil.....	89. 49. 49 ,94.	89. 49. 47 ,10.	2473 ,74.
	Signal du morne Jacqueline..	61. 6. 33 ,94.	61. 6. 32 ,44.	2165 ,87.
		180. 0. 5 ,84.		
9.	Signal du morne du Diamant.	40. 44. 20 ,95.	*	3526 ,59.
	Signal du morne Jacqueline..	112. 0. 59 ,86.	〃	5009 ,66.
	Signal des anses d'Arlet.....	27. 14. 39 ,19.	〃	2473 ,74.
10.	Signal des anses d'Arlet.....	105. 1. 57 ,97.	105. 1. 57 ,97.	4698 ,66.
	Signal du morne Jacqueline..	28. 30. 35 ,53.	28. 30. 35 ,53.	2322 ,19.
	S.l 46 (sit. sur le cap Salomon).	46. 27. 36 ,40.	46. 27. 26 ,50.	3526 ,59.
		180. 0. 9 ,90.		
11.	Signal de la mont. du Vauclin.	85. 56. 41 ,10.	〃	13352 ,47.
	Signal Crèvecœur..........	26. 54. 31 ,85.	〃	16058 ,30.
	Signal de la pointe du Vauclin.	67. 8. 47 ,5.	*	12335 ,13.

NUMÉRO des triangles.	NOMS des sommets des triangles.	ANGLES réduits à l'horizon et au centre.	ANGLES corrigés pour le calcul.	CÔTÉS opposés en mètres.
12.	Signal Crèvecœur..........	65° 30′ 51″,9.	〃	12163m,25.
	Signal de la pointe du Vauclin.	21. 58. 37 ,8.	*	5000 ,70.
	Signal du cap Ferré........	92. 30. 30 ,3.	〃	13352 ,47.
13.	Signal de la pointe du Vauclin.	85. 51. 27 ,03.	〃	8514 ,03.
	Signal Thierry............	43. 32. 5 ,35.	〃	5879 ,84.
	S.[l] auxil. de la mont. du Vauclin.	50. 36. 27 ,62.	*	6597 ,10.
14.	Signal de la pointe du Vauclin.	59. 52. 58 ,68.	〃	6160 ,62.
	S.[l] auxil. de la mont. du Vauclin.	64. 28. 11 ,10.	*	6426 ,66.
	Signal Malvault............	55. 38. 50 ,30.	〃	5879 ,84.
15.	Signal de la pointe du Vauclin.	88. 36. 21 ,7.	〃	11471 ,26.
	S.[l] auxil. de la mont. du Vauclin.	60. 34. 7 ,8.	*	9993 ,81.
	Signal Macré.............	30. 49. 30 ,5.	〃	5879 ,84.

Nota. Voir, pour les angles marqués d'un astérisque, la note jointe au tableau des triangles de la première série.

Cette suite de triangles, qui couvre toute la partie méridionale de l'île, fournit les côtés sur lesquels on s'est appuyé pour faire la reconnaissance de la côte, entre le cap Salomon, la pointe des Salines et celle du Vauclin ; elle se rattache à la première par un signal établi sur le morne du Diamant.

Morne du Diamant.

Ce morne, remarquable par sa forme conique, domine le quartier montagneux des anses d'Arlet et toute la chaîne de hauteurs qui se prolonge depuis ce quartier jusqu'au Vauclin. Son sommet est élevé de 478 mètres au-dessus du niveau de la mer : ses pentes sont extrêmement escarpées ; parvenu à les gravir aux deux tiers, on les trouve couvertes d'énormes blocs de roches volcaniques entassés sans ordre les uns sur les autres, et dont plusieurs ne sont retenus dans leurs positions que par les racines des arbres qui croissent dans leurs intervalles. La cime de ce morne, quoique formée de ces mêmes roches, est cependant loin d'être nue et aride. Nous fûmes obligés de la dégarnir, sur un espace assez considérable, d'une grande quantité d'arbres, afin de découvrir de son point culminant le développement de la côte entre la pointe des Salines et le cap Salomon.

Le signal que nous plaçâmes en ce point pouvant se lier aux sémaphores du fort Bourbon et du morne Constant, ainsi qu'au rocher du diamant, nous arrivâmes promptement à la détermination du côté qui joint ces deux dernières stations ; et c'est sur cette distance que nous avons appuyé la plupart des triangles secondaires jusqu'à la pointe des Salines. Pour étendre le réseau trigonométrique vers les anses d'Arlet, nous éprouvâmes plus de difficultés. Dans cette partie de l'île, les mornes sont tous boisés et se succèdent de près, de manière à ne former qu'un seul et même plateau très-accidenté qui vient se terminer peu loin de la mer par des pentes tellement roides, qu'on n'aperçoit de la côte aucun des points situés dans l'intérieur de la colonie. Cette configuration du terrain nous contraignit d'établir, sur les lieux les plus élevés, des signaux destinés à fournir des côtés auxquels on pût rattacher les positions de la côte jusqu'au signal 46 placé sur le cap Salomon. Nous formâmes ainsi des triangles dont les côtés étaient très-petits, et dont les plans offraient des inclinaisons très-grandes, relativement au plan horizontal.

La distance du signal de la pointe du Vauclin à celui de la montagne du Vauclin étant commune à la première et à la seconde suite, nous l'avons calculée de deux manières pour avoir une vérification. Nous avons trouvé par la première suite 6058^{m},7, et par la seconde suite 6058,3, résultat qui ne diffère du précédent que de 0^{m},4.

Nous avons encore eu une nouvelle preuve de l'exactitude de nos deux premières chaînes de triangles, en vérifiant, ainsi qu'il a déjà été dit, la base du Lamentin. La petite base qui a servi de vérification a été mesurée, près du cul-de-sac Marin, avec nos règles en fer; elle a été trouvée de 560^{m},70, et c'est à l'aide des trois triangles ci-joints qui ont été formés sur elle, que nous avons déterminé la distance du signal Dunkerque au signal Crèvecœur. Cette distance ainsi conclue est de 5299^{m},53; celle qui est déduite de la triangulation générale est de 5298^{m},87; elle ne diffère de la précédente que de 0^{m},66. Cet accord démontre la précision de la base du Lamentin, et en même temps celle de tous les résultats auxquels on a été conduit par les calculs des deux premières séries de nos triangles.

Base du Marin au moyen de laquelle nous avons obtenu une vérification de celle du Lamentin.

4*

TRIANGLES à l'aide desquels le côté signal Dunkerque et signal Crèvecœur a été déduit de la petite base du Marin.

NUMÉRO des triangles.	NOMS des sommets des triangles.	ANGLES réduits à l'horizon et au centre.	ANGLES corrigés pour le calcul.	CÔTÉS opposés en mètres.
1.	Signal méridional de la base. .	75° 41′ 16″,32.	75° 41′ 19″,85.	1632m,22.
	Signal de l'extrémité septentrionale de la base.	84. 52. 3 ,59.	84. 52. 7 ,13.	1677 ,74.
	Signal de la pointe Borgnesse.	19. 26. 29 ,49.	19. 26. 33 ,02.	560 ,70.
		179. 59. 49 ,40.		
2.	Signal méridional de la base. .	77. 58. 50 ,61.	77. 58. 48 ,07.	3324 ,86.
	Signal de la pointe Borgnesse.	72. 26. 49 ,11.	72. 26. 46 ,57.	3241 ,09.
	Signal Dunkerque.	29. 34. 30 ,90.	27. 34. 25 ,36.	1677 ,74.
		180. 0. 10 ,62.		
3.	Signal de la pointe Borgnesse.	81. 25. 21 ,55.	"	5299 ,53.
	Signal Dunkerque.	60. 14. 4 ,56.	"	4652 ,42.
	Signal Crèvecœur.	38. 20. 33 ,89.		3324 ,86.

TABLEAU DES TRIANGLES DE LA TROISIÈME SÉRIE.

NUMÉRO des triangles.	NOMS des sommets des triangles.	ANGLES réduits à l'horizon et au centre.	ANGLES corrigés pour le calcul.	CÔTÉS opposés en mètres.
1.	Sémaphore Bourbon........	101° 7′ 48″,87.	*	14928m,20.
	Sémaphore de la Démarche..	55. 28. 5,75.	〃	12523 ,77.
	Signal du cap Salomon......	23. 24. 5,38.	〃	6042 ,73.
2.	Sémaphore Bourbon........	14. 24. 53,85.	*	3526 ,11.
	Sémaphore de la Démarche...	140. 19. 55,75.	〃	9041 ,62.
	Signal du Grand-Fond......	25. 15. 10,40.	〃	6042 ,73.
3.	Sémaphore de la Démarche..	128. 29. 55,06.	128° 29′ 58″,58.	8610 ,40.
	Signal des Nègres..........	21. 38. 16,82.	21. 38. 20,34.	4057 ,15.
	Sémaphore du cap Enragé...	29. 51. 31,54.	29. 51. 41,08.	5478 ,05.
		179. 59. 43,42.		
4.	Sémaphore du cap Enragé...	28. 5. 17,45.	28. 5. 22,78.	9946 ,03.
	Signal des Nègres..........	127. 51. 11,38.	127. 51. 16,71.	16678 ,44.
	Signal du cap Salomon......	24. 3. 15,17.	24. 3. 20,50.	8610 ,40.
		179. 59. 44,00.		
5.	Sémaphore du cap Enragé...	23. 11. 31,26.	23. 11. 30,24.	3560 ,10.
	Signal des Nègres..........	84. 33. 11,79.	84. 33. 10,77.	8999 ,80.
	Signal du Grand-Fond......	72. 15. 20,00.	72. 15. 18,98.	8610 ,40.
		180. 0. 3,00.		

NUMÉRO des triangles.	NOMS des sommets des triangles.	ANGLES réduits à l'horizon et au centre.	ANGLES corrigés pour le calcul.	CÔTÉS opposés en mètres.
6.	Sémaphore de la Démarche...	55° 28' 29",91.	55° 28' 17",48.	3559m,93.
	Signal du Grand-Fond......	69. 50. 37,68.	69. 50. 25,25.	4056,39.
	Sémaphore du cap Enragé...	54. 41. 29,71.	54. 41. 17,28.	3526,11.
		180. 0. 37,30.		
7.	Signal du Grand-Fond......	55. 19. 30,92.	55. 19. 23,81.	2981,77.
	Sémaphore du cap enragé....	45. 36. 11,12.	45. 36. 4,00.	2590,69.
	Signal Sinson............	79. 4. 39,30.	79. 4. 32,19.	3560,10.
		180. 0. 21,34.		
8.	Sémaphore du cap Enragé...	30. 42. 38,04.	30. 42. 41,84.	3082,83.
	Signal Sinson............	119. 41. 6,35.	119. 41. 10,14.	5244,03.
	Sémaph. du morne aux Bœufs.	29. 36. 4,23.	29. 36. 8,02.	2981,77.
		179. 59. 48,62.		
9.	Signal Sinson............	52. 51. 22,02.	52. 51 18,54.	3736,32.
	Sémaph. du morne aux Bœufs.	84. 37. 51,01.	84. 37. 47,53.	4541,85.
	Signal du morne Vert.......	42. 30. 57,42.	42. 30. 53,94.	3082,83.
		180. 0. 10,45.		
10.	Sémaph. du morne aux Bœufs.	63. 4. 16,73.	63. 4. 20,60.	3393,02.
	Signal du morne Vert.......	44. 4. 52,61.	44. 4. 56,47.	2647,54.
	Signal Magon............	72. 50. 39,06.	72. 50. 42,93.	3636,32.
		179. 59. 48,40.		
11.	Signal du morne Vert.......	52. 24. 11,34.	52. 24. 11,89.	5532,50.
	Signal Magon............	98. 31. 24,82.	98. 31. 25,37.	6905,50.
	Signal Rivière-Blanche.	29. 4. 22,18.	29. 4. 22,74.	3393,02.
		179. 59. 58,34.		

NUMÉRO des triangles.	NOMS des sommets des triangles.	ANGLES réduits à l'horizon et au centre.	ANGLES corrigés pour le calcul.	CÔTÉS opposés en mètres.
12.	Signal du morne Vert.......	73° 56′ 20″,00.	73° 56′ 20″,60.	9120m,04.
	Signal Magon.............	85. 6. 46,44.	85. 6. 47,06.	9455,97.
	Signal d'Aubenas..........	20. 56. 51,72.	20. 56. 52,34.	5532,50.
		179. 59. 58,16		
13.	Signal Magon.............	20. 39. 23,33.	20. 39. 15,86.	3224,33.
	Signal d'Aubenas..........	85. 58. 10,70.	85. 58. 3,23.	8760,62.
	Signal de la Folie..........	73. 22. 48,38.	73. 22. 40,91.	9120,04,
		180. 0. 22,41.		
14.	Signal d'Aubenas..........	41. 0. 16,66.	41. 0. 18,72.	2601,20.
	Signal de la Folie..........	84. 34. 25,08.	84. 34. 27,14.	3946,70.
	Signal Picaudeau..........	54. 25. 12,08.	54. 25. 14,14.	〃
		179. 59. 53,82.		
15.	Signal d'Aubenas..........	46. 23. 11,54.	46. 23. 15,95.	3505,72.
	Signal Picaudeau..........	79. 0. 50,18.	79. 0. 54,59.	4753,28.
	Signal Piton-Pierreux.......	54. 35. 45,04.	54. 35. 49,46.	3946,70.
		179. 59. 46,76.		
16.	Signal d'Aubenas..........	36. 42. 1,06.	36. 42. 8,06.	3060,01.
	Signal Pitou-Pierreux.......	75. 6. 39,87.	75. 6. 55,04.	4948,21.
	Signal Belleville...........	68. 10. 49,90.	68. 10. 56,90.	4753,28.
		179. 59. 30,83.		
17.	Signal Pitou-Pierreux.......	44. 18. 12,42.	〃	2226,55.
	Signal Belleville...........	61. 58. 46,62.	〃	2814,16.
	Signal de la Perle..........	73. 43. 0,96.	〃	3060,01.

NUMÉRO des triangles.	NOMS des sommets des triangles.	ANGLES réduits à l'horizon et au centre.	ANGLES corrigés pour le calcul.	CÔTÉS opposés en mètres.
18.	Signal Pitou-Pierreux.......	70° 42′ 19″,4.	//	3036m,37.
	Signal de la Perle..........	48. 16. 41 ,0.	*	2401 ,16.
	Signal Saint-Martin........	61. 0. 59 ,6.	//	2814 ,16.
19.	Signal Pitou-Pierreux.......	49. 57. 46 ,00.	*	1987 ,91.
	Signal Saint-Martin.........	62. 24. 2 ,20.	//	2300 ,99.
	Signal auxiliaire Meunier....	67. 38. 11 ,80.	//	2401 ,16.
20.	Signal Saint-Martin........	40. 0. 10 ,0.	40° 0′ 2″,8.	1981 ,04.
	Signal auxiliaire Meunier....	99. 50. 1 ,2.	99. 49. 54 ,0.	3036 ,64.
	Sig. sup. de la Grande-Rivière.	40. 10. 10 ,4.	40. 10. 3 ,2.	1987 ,91.
		180. 0. 21 ,6.		
21.	Signal auxiliaire Meunier....	28. 19. 32 ,6.	//	2647 ,90.
	Sig. sup. de la Grande-Rivière.	130. 52. 53 ,8.	//	4219 ,29.
	Signal 13...............	20. 47. 33 ,6.	*	1981 ,04.
22.	Signal auxiliaire Meunier....	28. 46. 2 ,0.	//	2117 ,62.
	Signal 13...............	77. 43. 15 ,0.	//	4299 ,55.
	Signal Desgrottes..........	73. 30. 43 ,0.	*	4219 ,29.
23.	Signal 13...............	67. 51. 50 ,0.	67. 51. 40.	2189 ,24.
	Signal Desgrottes..........	48. 30. 20 ,0.	48. 30. 20.	1770 ,30.
	Signal 16...............	63. 38. 10 ,0.	63. 38. 0.	2117 ,62.
		180. 0. 20 ,0.		

NUMÉRO des triangles.	NOMS des sommets des triangles.	ANGLES réduits à l'horizon et au centre.	ANGLES corrigés pour le calcul.	CÔTÉS opposés en mètres.
24.	Signal des Grottes.........	115° 49′ 40″	115° 49′ 20″	3820m,36.
	Signal 16................	33. 7. 40.	33. 7. 30.	2319 ,28.
	Signal Gradis............	31. 3. 20.	31. 3. 10.	2189 ,24.
		180. 0. 40.		
25.	Signal des Grottes.........	64. 39. 55.	64. 39. 50.	3604 ,37.
	Signal Gradis............	79. 46. 36.	79. 46. 30.	3924 ,62.
	Signal 21................	35. 33. 43.	35. 33. 40.	2319 ,28.
		180. 0. 14.		
26.	Signal Gradis............	94. 36. 4.	94. 35. 40.	4342 ,94.
	Signal 21................	29. 35. 14.	29. 35. 10.	2151 ,16.
	Signal Grob..............	55. 49. 28.	55. 49. 10.	3604 ,37.
		180. 0. 46.		
27.	Signal 21................	60. 36. 20 ,8.	60. 36. 0.	6377 ,66.
	Signal Grob..............	83. 0. 58 ,7.	83. 0. 40.	7266 ,04.
	Sig. sup. de la Grande-Anse..	36. 23. 32 ,5.	36. 23. 20.	4342 ,94.
		180. 0, 52 ,0.		

Les observations faites avec le cercle répétiteur se terminent, dans cette série, au triangle 23. Elles ont été continuées dans les paroisses du Macouba, de la Basse-Pointe et de la Grande-Anse, avec un théodolite au moyen duquel on pouvait répéter les angles, et dont nous nous sommes servis quelquefois dans le cours de la campagne pour lier les points secondaires à ceux de la triangulation principale. Comme la construction de cet instrument ne permettait pas de vérifier si les axes optiques des lunettes se mouvaient exactement dans des plans verticaux, ces dernières observations ont dû introduire quelques erreurs dans les résultats; mais nous avons reconnu que ces erreurs étaient peu sensibles. En effet, le signal de la Grande-Anse ayant été calculé par la première et la troisième série, pour avoir une vérification de chacune d'elles, nous avons trouvé les résultats suivans, qui présentent entre eux un accord assez satisfaisant.

Coordonnées rectangulaires du signal Grande-Anse rapportées au mât de pavillon du fort Saint-Louis,

par la première chaîne...........	481^{m},4 Est	24826,0 Nord.
par la troisième chaîne...........	488 ,2 E.	24834,6 N.

La distance du sémaphore de *la Démarche* au sémaphore du cap Enragé est celle sur laquelle s'appuient les triangles de la troisième chaîne. Elle a d'abord été déduite du deuxième et du sixième triangle du tableau, que nous avons formés en plaçant le signal Grand-Fond sur les hauteurs de Case-Pilote, de manière à lier ce point aux sémaphores Bourbon et de *la Démarche*, ainsi qu'aux premières stations que nous nous proposions d'établir pour continuer la triangulation vers Saint-Pierre. Le calcul de ces deux triangles donne, pour la longueur du côté qui joint le sémaphore de *la Démarche* au sémaphore du cap Enragé........... 4056^{m},4, et pour l'azimut de ce côté.... 76° 16′ 46″,64 Nord-Ouest.

Ces résultats devant servir de fondement aux calculs de la troisième suite, nous les avons déterminés d'une autre manière. Nous nous sommes servis, pour cette vérification, du triangle troisième, dans lequel le côté qui joint le signal des Nègres au sémaphore de *la Démarche* a été conclu des coordonnées de ces points, attendu qu'il n'était pas possible de le déduire directement des triangles de la baie du Fort-Royal. Nous avons trouvé, par ce second moyen, pour la longueur du côté qui joint le sémaphore de *la Démarche* au sémaphore du cap Enragé.......... 4057^{m},15, et pour l'azimut.................... 76° 26′ 46″,47.

On pourrait s'en tenir à l'accord existant entre les résultats qui précèdent, et à la comparaison que nous avons faite des distances à la méridienne et à la perpendiculaire du signal Grande-Anse, calculées au moyen de la première et de la troisième série, pour juger de l'exactitude de la chaîne de triangles établie entre le Fort-Royal, Saint-Pierre et la Grande-Anse. Cependant, comme dans cette partie de l'île les difficultés locales nous ont exposés à commettre plus d'erreurs que dans les autres, nous ajouterons encore quelques détails sur la marche de nos opérations; et pour qu'on puisse mieux apprécier le degré de précision des résultats, ou la limite des erreurs dont ils ont pu être affectés par les données introduites dans les calculs, nous présenterons les observations relatives à quelques-uns des triangles et les réductions appliquées aux angles de position, pour les rapporter au centre de la station et les ramener à l'horizon.

Entre le Fort-Royal et la grande rivière, le réseau tri

gonométrique se compose de vingt-deux triangles principaux, dont les sommets sont situés sur un terrain très-accidenté, ayant une pente considérable, surtout dans la partie de l'île qui fait face à la Dominique, et qu'on nomme *les Abîmes.*

Nous avons obvié, autant qu'il était possible, à l'inconvénient qui résultait de l'inclinaison du plan des triangles, en déterminant les distances zénitales par des séries de six ou huit répétitions, et réduisant les angles à l'horizon par les formules rigoureuses de trigonométrie sphérique, c'est-à-dire, par la résolution des triangles sphériques dans lesquels nous connaissions les distances au zénit des points de stations, et les angles observés dans le plan de ces mêmes points.

Quant aux erreurs qui pouvaient provenir d'une suite nombreuse de petits triangles et de la mauvaise condition de quelques-uns d'entre eux, nous n'avions d'autre moyen de les rendre insensibles dans les résultats que de redoubler de précaution dans la mesure des angles de position. Leur limite nous est à-peu-près connue par la différence trouvée entre les coordonnées du point de jonction de la première et de la troisième série, et nous ajouterons qu'il eût été possible de réduire ces erreurs à des quantités beaucoup plus faibles, en continuant, avec le cercle répétiteur, nos observations jusqu'au signal de la Grande-Anse. En effet, les corrections appliquées aux angles des triangles, d'après l'excès en plus ou en moins de leur somme sur 180°, sont trop petites pour influencer, d'une manière sensible, les résultats depuis le Fort-Royal jusqu'à la grande rivière ; et l'on conçoit facilement qu'à partir de ce point, les erreurs introduites dans les calculs par les observations faites avec le théodolite, pouvaient être assez grandes pour produire elles seules la différence remarquée plus haut entre les positions du signal Grand-Anse, vu l'impossibilité où nous mettait la construction de cet instrument de déterminer les axes optiques à se mouvoir dans des plans verticaux.

Au surplus, la précision dont nous nous sommes assurés par nos calculs de vérification paraîtra encore très-satisaisante, surtout si l'on considère les difficultés locales que nous avons rencontrées depuis le Fort-Royal jusqu'à la grande rivière, et la nécessité où nous nous sommes trouvés, en formant la troisième chaîne de triangles, de tourner les montagnes où nous ne pouvions établir de signaux.

Dispositions des triangles qui composent la troisième série.

Dans tout l'espace qu'occupe cette chaîne, les triangles ne s'étendent, dans l'intérieur, qu'à la moitié de la distance des contours de la côte aux sommités des hautes montagnes qui se prolongent sans interruption depuis le canal de la Dominique jusqu'aux pitons du Carbet. Après avoir examiné la configuration du pays et fait plusieurs tentatives pour franchir l'île dans sa largeur et arriver par de grands triangles au-delà de la perle, nous fûmes arrêtés par une foule d'obstacles qui s'opposaient à l'établissement d'un signal sur le plus élevé des pitons du Carbet. Cette montagne volcanique, dont l'élévation au-dessus du niveau de la mer est de 1207 mètres, d'après nos calculs, présente sur toute sa surface des pentes si roides, qu'il est douteux qu'on puisse parvenir à son sommet. Elle est en outre couverte de grands arbres liés les uns aux autres par des lianes qui obstruent tous les passages, et l'on ne peut arriver à sa base qu'en traversant un terrain boisé et haché de précipices dans tous les sens.

Certains de ne pouvoir grouper une série de grands

triangles autour d'un sommet commun placé sur le point culminant de cette montagne, nous nous sommes décidés à ne nous en écarter que le moins possible, en enchaînant nos stations entre la côte et l'espace presque inaccessible qui nous en interdisait l'approche. La distance du signal Grand-Fond au sémaphore du cap Enragé fut d'abord déterminée par deux moyens que nous avons indiqués plus haut, et servit ensuite à étendre le canevas géodésique vers le canal de la Dominique. Cette distance, de 3560 mètres seulement, était la plus grande base qu'il fût possible d'obtenir, attendu qu'elle était restreinte dans sa longueur par des obstacles qui en fixaient les limites naturelles, d'une part, au sémaphore du cap enragé, à peu de distance des escarpemens de la côte, et de l'autre, au morne Grand-Fond, près d'une vallée profonde qui s'étend jusqu'au pied des pitons du Carbet. Les extrémités de cette base étaient élevées au-dessus du niveau de la mer, l'une de 628 mètres, et l'autre de 183. Ainsi, le terrain sur lequel elle était établie avait une pente de 445 mètres sur 3560, qui est à-peu-près celle que nous avons trouvée aux versans des pitons, depuis le Fort-Royal jusqu'au morne aux Bœufs.

Configuration de l'île sur les versans des pitons du Carbet.

Dans tout cet espace, le sol est sillonné, à de petites distances les unes des autres, par des ravines profondes qui vont toutes aboutir à la mer, et les terrains qui séparent ces ravines forment des chaînons de montagnes qui prennent naissance dans les pitons du Carbet, et se prolongent jusqu'à la côte, où ils se terminent par des escarpemens abrupts d'une grande élévation.

Versans de la montagne Pelée.

Les versans de la montagne Pelée présentent à-peu-près cette même configuration dans toutes leurs parties, excepté cependant entre Saint-Pierre et le bourg du Prêcheur, où les chaînons de montagnes forment à la côte des escarpemens beaucoup moins élevés que les précédens. Du reste, le terrain y est encore plus accidenté; il est même tellement tourmenté dans le quartier des abîmes, qu'il n'existe aucun passage praticable pour communiquer de l'anse du Céron avec la paroisse du Macouba.

Notre réseau trigonométrique offre, dans toute cette partie de l'île, une disposition analogue à celle qui lui a été donnée autour des pitons du Carbet. Les considérations suivantes nous l'ont fait adopter comme la seule dont on pût faire usage pour rattacher les positions situées près de la grande rivière et de de la perle, aux côtés de triangles déterminés dans les environs de Saint-Pierre.

Obstacles qui s'opposent à l'établissement d'un signal sur la montagne Pelée.

D'abord nous avions reconnu qu'un signal établi sur la cime de la montagne Pelée serait presque toujours caché par les nuages, et que, indépendamment de cet inconvénient, il ne serait vu que d'un très-petit nombre de points dans tout l'espace compris entre Saint-Pierre et l'anse du Céron, et d'aucun des points situés aux approches du rivage dans le quartier des Abîmes. Ce signal ne pouvait donc pas être employé comme sommet commun de plusieurs grands triangles destinés à lier la montagne Pelée aux positions de la côte, et à fournir une base sur laquelle on pût appuyer le réseau qui devait couvrir la superficie des paroisses du Macouba, de la Basse-Pointe et de la Grande-Anse. Il était possible, à la vérité, d'arriver par un petit nombre de triangles, depuis Saint-Pierre jusque dans ces divers quartiers de l'île, en établissant des stations sur les hauteurs qui réunissent la montagne Pelée aux pitons du Carbet; mais ce parti, sans être bien avantageux, ajoutait beaucoup de difficultés à celles que devait entraîner la disposition de nos triangles sur la partie de l'île où se trouvent le bourg du Prêcheur, la Perle et la grande rivière. C'est ce motif qui nous décida à enchaîner nos stations dans le nord de la Martinique, ainsi que l'indique le tableau qui précède.

Établissement du signal d'Aubenas sur un contrefort de la montagne Pelée.

Le signal d'Aubenas est le premier sommet de triangles que nous ayons placé sur les versans de la montagne Pelée. Ce signal a été établi à 700 mètres d'élévation au-dessus du niveau de la mer, sur la crête d'un contrefort de la montagne Pelée, qui se prolonge jusqu'à la côte où il se termine par un escarpement très-peu élevé entre la rivière Lamarre et le bourg du Prêcheur.

Nature du terrain dont ce contrefort est formé.

Les terres volcaniques dont ce contrefort est composé, se détachent fréquemment, dans les temps de pluie, par de grandes masses, et vont combler le fond des ravines où elles arrêtent momentanément le cours des torrens qui s'y précipitent. C'est ce qui arriva dans l'intervalle de deux voyages que nous fîmes pour compléter nos observations au signal d'Aubenas. Nous trouvâmes, la seconde fois, des chemins nouvellement tracés, pour monter du fond de la ravine Lamarre sur l'une des crêtes qui aboutissent à notre point de station. Les chemins qui existaient, lors de notre premier voyage, avaient été détruits par un éboulement considérable, et toute communication s'était trouvée interceptée dans un endroit où les escarpemens presque à pic ne sont praticables qu'au moyen de sentiers sinueux que l'on est obligé de réparer très-souvent. Tout le terrain que nous traversâmes, en allant du bourg du Prêcheur au signal d'Aubenas, doit son origine au volcan éteint de la montagne Pelée, dont les éruptions étendaient leur sphère d'activité depuis la rivière des Pères jusqu'à la rivière Capot. Ce terrain est formé de massifs de pierres ponces dont l'épaisseur, évaluée à partir du lit des torrens qui les séparent, est au moins de 1200 pieds dans quelques parties.

Nous joignons ici un tableau à l'aide duquel on pourra juger de la pente du terrain sur les versans de la montagne Pelée, et de l'inclinaison des plans dans lesquels les angles de position ont été observés. Les résultats qui s'y trouvent renfermés ont toute la précision dont les travaux géodésiques sont susceptibles.

ÉLÉVATIONS des signaux au-dessus du niveau de la mer.		DISTANCES des signaux.	DIFFÉRENCES de niveau.
Signal d'Aubenas.........	700m,44.	3952m,56.	698m,34.
Signal de la rivière Blanche.	2 ,10.		
Signal d'Aubenas.........	700 ,44.	2601 ,00.	598 ,44.
Signal Folie.............	102 ,00.		
Rocher de la Perle........	26 ,50.	2814 ,00.	571 ,21.
Signal Pitou-Pierreux.....	597 ,71.		

Observations relatives à quelques-uns des triangles de la troisième chaîne.

Exposons maintenant les observations relatives à quelques-uns des triangles formés dans les environs de Saint-Pierre, à ceux, par exemple, qui s'appuient sur la distance du signal Sinson au sémaphore du cap Enragé. Nous y joindrons les réductions appliquées aux angles observés pour déterminer ceux que nous avons adoptés dans les calculs.

Station au sémaphore du cap ENRAGÉ.

Hauteur de l'instrument au-dessus du sol............ $1^{m},25$.
Hauteur du sémaphore........................ 13 ,58.
Élémens de réduction au centre de la station $r = 3^{m},10$
$y = 236°\ 25'\ 50''$.

DISTANCES ZÉNITALES.

Signal Sinson, par une série de 4 répétitions.... 85° 16' 45",3.
Sémaphore du morne aux Bœufs, 4 répét........ 89. 49. 8 ,5.

ANGLES DE POSITION.

Entre le signal Sinson et le sémaphore morne aux Bœufs, 20 répét...................... 31° 0' 28",05.
Angle réduit à l'horizon et au centre......... 30. 42. 38 ,04.
Angle corrigé de l'excentricité de la lunette inférieure............................ 30. 42. 38 ,20.

Station au signal SINSON (au centre).

Hauteur de l'instrument au-dessus du sol............. $1^{m},25$.
Hauteur du signal............................. 5 ,00.

DISTANCES ZÉNITALES.

Sémaphore du morne aux Bœufs.... 4 répét... 96° 12' 40",25.
Sémaphore du cap Enragé........ 4 répét... 94. 26. 34 ,12.
Signal du morne Vert............ 4 répét... 88. 45. 22 ,00.

ANGLES DE POSITION.

Entre le sémaphore du morne aux Bœufs et le sémaphore du cap Enragé, par une série de 20 répétitions.........................119° 9' 29",10.
Angle réduit à l'horizon et corrigé de l'excentricité..................................119. 41. 6 ,35.
Entre le sémaphore du morne aux Bœufs et le signal du morne Vert, par une série de 20 répétitions............................ 53. 51. 50 ,10.
Angle réduit à l'horizon et corrigé de l'excentricité............................... 52. 51. 21 ,89.

Station au sémaphore du MORNE AUX BŒUFS.

Hauteur de l'instrument au-dessus du sol............ 1m,25.
Hauteur du sémaphore.......................... 13 ,58.

DISTANCES ZÉNITALES.

Signal du morne Vert........ 6 répét...... 84° 42′ 35″,50.
Signal Magon............... 6 répét....... 92. 28. 32 ,50.
Signal Sinson............... 4 répét....... 85. 33. 37 ,50.
Sémaphore du cap Enragé..... 4 répét....... 89. 57. 42 ,07.

ANGLES DE POSITIONS.

Entre le sig. Sinson et le sém. Enragé, 12 répét.. 29. 54. 20 ,95.
Angle réduit à l'horizon et au centre.......... 29. 36. 4 ,23.
Angle corrigé de l'excentricité de la lunette inférieure................................ 29. 36. 4 ,07.
Élémens de réduction au centre $r = 2^m,63$ $y = 54° 44' 30'$.
Entre le signal du morne Vert et le signal Sinson 14 répétitions......................... 84° 23′ 17″,81.
Angle réduit à l'horizon et au centre, et corrigé de l'excentricité........................ 84. 37. 51 ,07.
Élémens de réduction au centre $r = 5^m,60$ $y = 142.37.10$.
Entre le signal du morne Vert et le signal Magon 22 répétitions......................... 63 °32′ 54″,37
Réduit à l'horizon et au centre, et corrigé de l'excentricité............................ 63. 4. 16 ,59.
Élémens de réduction au centre $r = 5^m,60$ $y = 79° 28' 40''$.

Station au signal du MORNE VERT (au centre).

Le morne Vert, ou petit piton du Carbet, est un morne conoïde dont les pentes sont extrêmement rapides; il n'est accessible que d'un seul côté, encore ne peut-on parvenir à son sommet qu'en s'aidant des herbes et des racines des arbres qui en couvrent la surface. La partie supérieure est couverte d'une couche assez épaisse de terre végétale; nous y avons trouvé quelques traces d'une culture abandonnée depuis peu de temps par les nègres, probablement à cause de la difficulté qu'on éprouve à gravir ce morne.

Hauteur de l'instrument au-dessus du sol............. 1m,25.
Hauteur du signal.............................. 5 ,33.

DISTANCES ZÉNITALES.

Sémaphore du morne aux Bœufs..	6 répét.....	95° 41′ 21″,82.
Signal Sinson.................	6 répét....	91. 11. 45 ,00.
Signal Magon................	6 répét.....	97. 31. 34 ,16.
Signal d'Aubenas.............	6 répét.....	88. 56. 10 ,25.

ANGLES DE POSITION.

Entre le sémaphore du morne aux Bœufs et le signal Sinson, 24 répét..................	42. 37. 4 ,12.
Réduit à l'horizon et corrigé de l'excentricité...	42. 30. 57 ,49.
Entre le sémaphore du morne aux Bœufs et le signal Magon, 20 répét.................	43. 51. 59 ,55.
Réduit à l'horizon et corrigé de l'excentricité...	44. 4. 52 ,63.
Entre le signal Magon et le signal d'Aubenas, 16 répét.............................	74. 13. 42 ,65.
Réduit à l'horizon et corrigé de l'excentricité de la lunette inférieure......................	73. 56. 19 ,75.

Station au signal MAGON (au centre).

Hauteur de l'instrument au-dessus du sol............. 1m,25.
Hauteur du signal.............................. 5 ,00.

DISTANCES ZÉNITALES.

Sémaphore du morne aux Bœufs...	4 répét...	87° 14′ 9″,37.
Signal du morne Vert...........	10 répét...	82. 22. 53 ,15.
Signal d'Aubenas..............	8 répét...	86. 4. 36 ,00.

ANGLES DE POSITION.

Entre le signal du morne Vert et le signal d'Aubenas, 20 répét......................	84. 38. 44 ,70.
Réduits à l'horizon et corrigé de l'excentricité...	85. 6. 46 ,69.

Entre le signal du morne Vert et le sémaphore du morne aux Bœufs, par une série de 14 répét. 72° 38' 44",70.
Réduit à l'horizon et corrigé de l'excentricité... 72. 50. 39,17.

Station au signal d'AUBENAS (au centre).

Hauteur de l'instrument au-dessus du sol............. 1m,25.
Hauteur du signal................................ 4 ,80.

DISTANCES ZÉNITALES.

Signal du morne Vert........ 4 répét....... 91° 5' 18",00.
Signal Magon............... 4 répét....... 93. 56. 50 ,25.

ANGLES DE POSITION.

Entre le signal Magon et le signal du morne Vert, par une série de 20 répétitions............ 21. 7. 10 ,20.
Réduit à l'horizon et corrigé de l'excentricité... 20. 56. 51 ,72.

Le relief du terrain est présenté dans la dernière colonne du tableau suivant par les élévations de nos principaux points de station au-dessus du niveau de la mer. Ces élévations ont été conclues au moyen de distances zénitales réciproques, mais non simultanées, dont nous nous sommes servis pour déterminer la valeur du coëfficient de la réfraction terrestre.

Détermination du coëfficient de la réfraction terrestre.

Ce coëfficient a été trouvé très-variable.

Nous avons trouvé cette valeur très-variable, ce qu'il faut attribuer sans doute aux grandes différences de hauteur qui existent entre les points où nos distances zénitales ont été observées, et aux changemens brusques qui s'opèrent, aux Antilles dans la température de l'air. Par un milieu entre divers résultats, nous avons trouvé 0,55, et c'est de ce coëfficient dont nous nous sommes servis pour calculer les élévations de la montagne Pelée et des pitons du Carbet.

Le signal oriental de la base, d'où nous sommes partis pour calculer successivement les hauteurs des points, était élevé de $3^{m},32$ au-dessus du niveau de la mer.

TABLEAU

DES POINTS TRIGONOMÉTRIQUES DE LA MARTINIQUE,

Comprenant leurs distances à la méridienne et à la perpendiculaire du MÂT DE PAVILLON DU FORT SAINT-LOUIS, leurs latitudes et leurs longitudes rapportées au méridien de l'observatoire royal de Paris, et leurs hauteurs au-dessus du niveau de la mer.

NOMS des points.	DISTANCES DES POINTS à la méridienne.	à la perpendiculaire.	LATITUDE.	LONGITUDE.	HAUTEUR au-dessus du niveau de la mer.
	Mètres.	Mètres.			Mètres.
Mât de pavill. du fort Saint-Louis......	0,00.	0,00.	14° 36′ 7″,2 N.	63° 21′ 47″,30.	〃
Signal orient. de la base du Lamentin..	7331,28 E.	540,06 S.	14. 35. 49 ,6.	63. 17. 42 ,26.	3,32.
Signal du Gros-Ilet.	5328,04.	5801,44.	14. 32. 58 ,48.	63. 18. 49 ,25.	64,71.
S.l du Trou-au-Chat.	8802,87.	3634,65.	14. 34. 8 ,92.	63. 16. 53 ,10.	67,55.
Sém. du fort Bourbon	317,86.	1715,96 N.	14. 37. 3 ,01.	63. 21. 36 ,67.	154,84.
Sémaphore du morne Constant........	5325,22.	11035,04 S.	14. 30. 8 ,23.	63. 18. 49 ,39.	377,25.
Sig. îlet à Ramiers..	1319,670.	6300,90.	14. 32. 42 ,25.	63. 22. 31 ,12.	42,94.
Signal des Nègres..	2645,45.	279,91.	14. 35. 58 ,10.	63. 23. 15 ,72.	9,52.
S.l du cap Salomon.	3637,40.	10176,70.	14. 30. 36 ,17.	63. 23. 48 ,83.	3,00.
Signal Pointe-du-Bout (batterie)...	1619,50 E.	4347,29.	14. 33. 45 ,79.	63. 20. 53 ,30.	〃
Sig. du morne Rouge.	4728,92.	1283,50.	14. 35. 34 ,10.	63. 19. 11 ,19.	〃
Signal du Milh.....	4935,60.	483,20 N.	14. 36. 22 ,90.	63. 19. 2 ,32.	〃
Clocher du Fort-Royal...........	297,500.	318,50.	14. 36. 17 ,56.	63. 21. 57 ,35.	〃
Clocher du Lamentin	6969,20 E.	1622,20.	14. 36. 59 ,94.	63. 17. 54 ,34.	〃
Clocher des Trois-Ilets............	3535,70.	6939,97 S.	14. 32. 21 ,46.	63. 19. 49 ,15.	〃
Sig. de Case-Navire.	3870, 90.	1635,00 N.	14. 37. 0 ,40.	63. 23. 56 ,70.	〃
Sém. de la Démarche.	4940,22.	4693,77.	14. 38. 39 ,86.	63. 24. 32 ,46.	298,01.

NOMS des points.	DISTANCES DES POINTS à la méridienne.	DISTANCES DES POINTS à la perpendiculaire.	LATITUDE.	LONGITUDE.	HAUTEUR au-dessus du niveau de la mer.
	Mètres.	Mètres.			Mètres.
Signal Belle-Marre..	6023,4 O.	3074,7 N.	14°37'47",19N	63. 25. 8 ,65.	1,00.
Cloc. de Case-Pilote.	//	//	14. 38. 37 ,50.	63. 26. 3 ,50.	//
Sig. du Grand-Fond.	6192,83.	7989,89.	14. 40. 27 ,07.	63. 25. 14 ,36.	628,71.
Sém. du cap Enragé.	8880,86.	5655,88.	14. 39. 11 ,17.	63. 26. 44 ,21.	183,08.
Signal Sinson......	8702,58.	8632,18.	14. 40. 49 ,99.	63. 26. 37 ,62.	426,35.
S.t Capot (batterie).	11021,00.	8515,70.	14. 40. 44 ,12.	63. 27. 55 ,81.	//
Sém. du morne aux Bœufs..........	11284,72.	10316,34.	14. 41. 42 ,69.	63. 28. 4. 65.	189,43.
Sig. du morne Vert, ou petit piton du Carbet.........	9021,85.	13162,79.	14. 43. 15 ,36.	63. 26. 49 ,02.	522,27.
Clocher du Carbet..	//	//	14. 42. 47 ,00.	63. 28. 46 ,50	//
Signal Magon.....	12386,35.	12723,80.	14. 43. 0 ,97.	63. 28. 41 ,53.	72,40.
Signal Sainte-Marthe (batterie).......	12024,60.	14632,20.	14. 44. 3 ,05.	63. 28. 29 ,47.	//
Mât de pav. du fort Villeret.........	12288,10.	16786,00.	14. 45. 13 ,21.	63. 28. 38 ,31.	//
Église du fort, à S.t-Pierre.........	12010,80.	16538,80.	14. 45. 5 ,07.	63. 28. 29 ,03.	//
Sig. de la rivière des Pères (emb.).....	12564,90.	17023.20.	14. 45. 20 ,69.	63. 28. 47 ,58.	1,50.
Signal de la Rivière-Blanche (emb.)...	13907,36.	18043,12.	14. 45. 53 ,97.	63. 29. 32 ,50.	2,10.
Signal d'Aubenas...	12791,58.	21834,83.	14. 47. 57 ,23.	63. 28. 55 ,24	700,44.
Signal Folie.......	15837,15.	20776,12.	14. 47. 22 ,83.	63. 30. 37 ,11.	102,00.
Clocher du Prêcheur.	16910,40.	22099,50.	14. 48. 5 ,84.	63. 31. 13 ,05.	//
Sign. rivière du Prêcheur (emb.)....	17291,80.	22280,70.	14. 48. 11 ,74.	63. 31. 25 ,80.	//
Signal Picaudeaux..	16455,10.	23302,84.	14. 48. 45 ,01.	63. 30. 57 ,84.	202,00.
Signal Belleville...	17009,50.	24421,88.	14. 49. 21 ,40.	63. 31. 16 ,42.	115,87.

NOMS des points.	DISTANCES DES POINTS à la méridienne.	à la perpendiculaire.	LATITUDE.	LONGITUDE.	HAUTEUR au-dessus du niveau de la mer.
	Mètres.	Mètres.			Mètres.
Sig. de la rivière du Céron (emb.)....	17094,50 O.	25517,20 N.	14° 49′ 57″,22.	63° 31′ 19″,29.	//
Rocher de la Perle..	17344,10»	26623,17.	14. 50. 32 ,99.	63. 31. 27 ,67.	26,50.
Sig. Piton-Pierreux.	14554.92.	26248,93.	14. 50. 20 ,88.	63. 29. 54 ,33.	597,71.
Signal du cap Saint-Martin..........	15039,85.	28600,62.	14. 51. 37 ,36.	63. 30. 10 ,60.	202,95.
S.[l] du morne Meunier	13128,49.	28054,42.	14. 51. 19 ,62.	63. 29. 6 ,63.	597,66.
Sig. sup. de la Grande-Rivière.........	12266,90.	29838,30.	14. 52. 17 ,67.	63. 28. 37 ,83.	//
Sig. inf. de la Grande-Rivière (batterie).	12330,10.	30148,20.	14. 52. 27 ,95.	63. 28. 39 ,95.	//
Signal 13.........	9710,45.	30528,18.	14. 52. 40 ,16.	63. 27. 12 ,28.	//
Signal des Grottes..	8862,10.	28587,80.	14. 51. 37 ,05.	63. 26. 43 ,87.	//
Signal 16.........	7941,00.	30573,80.	14. 52. 41 ,86.	63. 26. 13 ,07.	//
Égl. du Macouba...	//	//	14. 52. 37 ,00.	63. 26. 35 ,00.	//
Clocher de la Basse-Pointe..........	5271,00.	29709,60.	14. 52. 13 ,55.	63. 24. 43 ,70.	//
Signal Gradis......	7393,50.	26792,80.	14. 50. 38 ,67.	63. 25. 54 ,70.	//
Signal 21.........	5053,40.	29534,20.	14. 52. 7 ,86.	63. 24. 36 ,41.	//
Signal Grob.......	5875,00.	25269,60.	14. 49. 49 ,14.	63. 25. 3 ,88.	//
Signal 22 (emb. de la petite Capot).....	3508,80.	28746,70.	14. 51. 42 ,28.	63. 23. 38 ,03.	//
Signal 24 (emb. de la rivière Capot)....	1821,80.	27831;70.	14. 51. 12 ,05.	63. 22. 48 ,26.	//
S.[l] 27 (batt. en face du rocher Bourgaud)..	251,90 E.	26747,10.	14. 50. 37 ,22.	63. 21. 38 ,87.	//
Égl. de la Grande-Anse...........	//	//	//	//	//
S.[l] de la Grande-Anse	488,20 E.	24834,60.	14. 49. 35 ,02.	63. 21. 30 ,97.	//
S.[l] pointe du Marigot.	4022,60.	25307,70.	14. 49. 50 ,39.	63. 19. 32 ,70.	//

NOMS des points.	DISTANCES DES POINTS à la méridienne.	à la perpendiculaire.	LATITUDE.	LONGITUDE.	HAUTEUR au-dessus du niveau de la mer.
	Mètres.	Mètres.			Mètres.
Égl. du Marigot....	//	//	14° 49′ 20″,50.	63° 19′ 36″,50.	//
M.in Lucy........	3548,00 E.	22978,50 N.	14. 48. 34 ,64.	63. 19. 48 ,60.	//
Sig. 29 (pointe Châteaugué)........	2566,03.	26036,60.	14. 50. 14 ,11.	63. 20. 21 ,43.	//
S. du Pain-de-Sucre.	6393,60.	23139,30.	14. 48. 39 ,84.	63. 18. 13 ,39.	//
S. de l'îlet S.te-Marie.	8494,10.	20596,20.	14. 47. 17 ,10.	63. 17. 3 ,14.	//
Clocher de S.te-Marie	//	//	14. 47. 5 ,50.	63. 17. 18 ,00.	//
S. îlet Saint-Aubin..	11120,60.	18971,51.	14. 46. 24 ,22.	63. 15. 35 ,30.	//
Pavillon du fort de la Trinité.........	11216,64.	16111,76.	14. 44. 51 ,28.	63. 15. 32 ,13.	//
Clocher de la Trinité.	//	//	14. 44. 26 ,50.	63. 15. 38 ,00.	//
M.in Beauséjour....	12867,80.	16171,10.	14. 44. 53 ,10.	63. 14. 36 ,90.	//
Signal Spoultourne.	13114,14.	17287,96.	14. 45. 29 ,43.	63. 14. 28 ,65.	//
Signal îlet de la Tartane..........	15542,90.	18104,50.	14. 45. 55 ,94.	63. 13. 7 ,39.	//
S. de l'Étang (pointe)	10971,40.	18437,61.	14. 46. 6 ,74.	63. 12. 19 ,60.	//
Signal de la pointe du Diable.........	19222,60.	19777,00.	14. 46. 50 ,25.	63. 11. 4 ,26.	//
Roch. de la Caravelle.	20134,70.	22773,50.	14. 48. 28 ,02.	63. 10. 33 ,60.	//
Sig. de la pointe Caracoli..........	20789,98.	17534,29.	14. 45. 37 ,26.	63. 10. 11 ,88.	93,00.
S. de la pointe Brunet	17105,40.	14781,60.	14. 44. 7 ,71.	63. 12. 15 ,20.	//
Sém. de la Tartane..	16669,28.	17020,57.	14. 45. 20 ,65.	63. 12. 29 ,74.	189,62.
Sém. du morne Vert-Pré...........	10136,44.	10100,97.	14. 41. 35 ,69.	63. 16. 8 ,36.	310,20.
Sig. îlet du Galion..	14421,80.	14340,30.	14. 43. 53 ,52.	63. 13. 44 ,97.	//
Signal îlet Ramville (point le plus élevé)	19170,90.	10296,70.	14. 41. 41 ,89.	63. 11. 6 ,29.	//
Sig. de la pointe Banane............	16539,50.	12710,80.	14. 43. 0 ,47.	63. 12. 34 ,19.	1,00.

NOMS des points.	DISTANCES DES POINTS à la méridienne.	à la perpendiculaire.	LATITUDE.	LONGITUDE.	HAUTEUR au-dessus du niveau de la mer.
	Mètres.	Mètres.			Mètres.
Signal rocher de la Grotte..........	20112,60 E.	9215,40 N.	14° 41' 6",53.	63° 10' 34",78.	//
Signal Loup-Garou (recif)..........	23547,44.	9003,10.	14. 40. 59 ,68.	63. 8. 39 ,94.	1,80.
Signal de la pointe la Rose...........	19741,10.	6989,90.	14. 39. 54 ,31.	63. 10. 47 ,16.	//
Sig. de la petite Martinique..........	16908,90.	9291,10.	14. 41. 9 ,23.	63. 12. 21 ,90.	//
Clocher du Robert..	13787,30.	8405,80.	14. 40. 40 ,49.	63. 14. 6 ,30.	//
Sig. de l'îlet Lavigne (pointe orientale).	19722,80.	3495,20.	14. 38. 0 ,63.	63. 10. 47 ,97.	//
Sig. de l'îlet Thierry.	23543,25.	2653,83.	14. 37. 33 ,15.	63. 8. 10 ,28.	34,43.
Clocher du François.	//	//	14. 36. 53 ,00.	63. 11. 57 ,50.	//
Signal de la Prairie (entrée du Simon).	23240,00.	635,80 S.	14. 35. 46 ,15.	63. 8. 50 ,52.	//
S.l du Sans-Souci (entrée du Sans-Souci).	24165,20.	2499,60.	14. 34. 45 ,11.	63. 8. 19 ,66.	//
Signal de la pointe du Vauclin (point le plus élevé)......	25537,56.	3635,19.	14. 34. 8 ,53.	63. 7. 33 ,83.	66,48.
S.l de la montagne du Vauclin.........	19591,32.	4798,58.	14. 33. 30 ,83.	63. 10. 52 ,59.	505,39.
S.l auxil. de la mont. du Vauclin.......	19818,91.	5002,49.	14. 33. 24 ,22.	63. 10. 44 ,99.	//
Clocher du Vauclin.	24524,00.	6097,40.	14. 32. 48 ,46.	63. 8. 7 ,79.	//
Signal Malvault....	23694,13.	9791,72.	14. 30. 48 ,33.	63. 8. 35 ,64.	//
Signal Macré......	27624,37.	13408,70.	14. 28. 50 ,54.	63. 6. 24 ,47.	//
Signal du cap Ferré.	27689,69.	15606,40.	14. 27. 39 ,06.	63. 6. 22 ,36.	//
Sig. îlet des Chiens.	26968,30.	17361,10.	14. 26. 42 ,00.	63. 6. 46 ,52.	//
Signal îlet du Lézard.	25923,60.	19044,50.	14. 25. 47 ,29.	63. 7. 21 ,48.	//
Signal Baham......	24447,80.	20992,20.	14. 24. 43 ,98.	63. 8. 10 ,33.	//

NOMS des points.	DISTANCES DES POINTS à la méridienne.	à la perpendiculaire.	LATITUDE.	LONGITUDE.	HAUTEUR au-dessus du niveau de la mer.
	Mètres.	Mètres.			Mètres.
Signal piton Crève-cœur.	22808,68 E.	16707,07 S.	14° 27′ 3″,42.	63° 9′ 5″,14.	202,29.
Signal de l'îlet Cabrit (pointe des Salines).	21464,70.	23200,70.	14. 23. 32 ,30.	63. 9. 50 ,52.	//
Signal de la pointe de Dunkerque (batt.).	18772,67.	20141,65.	14. 25. 11 ,81.	63. 11. 20 ,34.	//
Signal pointe Borgnesse (batterie à l'entrée du Marin).	18160,03.	16872,54.	14. 26. 58 ,18.	63. 11. 40 ,60.	//
Clocher du Marin...	21019,60.	14484,40.	14. 28. 15 ,77.	63. 10. 5 ,14.	//
Sig. du Figuier (près de la rivière Pilote).	16734,02.	15577,05.	14. 27. 40 ,32.	63. 12. 28 ,28.	//
Signal de la pointe Pimentée.	10062,03.	14728,02.	14. 28. 8 ,05.	63. 16. 11 ,17.	//
Signal du Marigot du Diamant.	6377,02.	14347,08.	14. 28. 20 ,50.	63. 18. 14. 26.	//
Signal morne du Diamant.	1248,41.	15162,28.	14. 27. 53 ,98.	63. 21. 5 ,60.	477,74.
Rocher du Diamant.	3003,04.	17496,20.	14. 26. 38 ,09.	68. 20. 7 ,00.	175,00.
Signal morne Gentil.	215,04 O.	13565,63.	14. 28. 45 ,94.	63. 21. 54 ,48.	//
S.l morne Jaqueline.	1098,45.	14380,16.	14. 28. 19 ,45.	63. 22. 23 ,99.	//
Sig. morne des Anses-d'Arlet.	1318,98.	10860,50.	14. 30. 13 ,93.	63. 22. 31 ,36.	//
Église des Anses-d'Arlet.	//	//	14. 29. 29 ,00.	63. 22. 36 ,50.	//
S.l pointe Bourgaud.	2541,04.	11994,10.	14. 29. 37 ,15.	63. 23. 12 ,21.	//
Signal 46 sur le cap Salomon.	3594,97.	10399,62.	14. 30. 28 ,92.	63. 23. 47 ,41.	//
Montag. Pelée (sommet).	//	//	14. 48. 52 ,00.	63. 27. 75 ,00.	1351,29.
Piton du Carbet (le plus élevé.	//	//	14. 41. 57 ,50.	63. 24. 37 ,50.	1207,05.

DESCRIPTION NAUTIQUE
DES CÔTES
DE LA MARTINIQUE.

CHAPITRE PREMIER.

Des saisons, et des vents qui règnent à la Martinique.

L'ANNÉE se divise, à la Martinique, en deux saisons bien distinctes et inégales : la saison sèche, qui commence en novembre et finit en juillet, et la saison humide ou l'hivernage, qui ne comprend que les mois d'août, septembre et octobre. On y reconnaîtrait sans doute un grand nombre de nuances, en suivant soigneusement les progrès de la végétation ; mais il n'importe ici que de distinguer les deux saisons que nous venons de citer, car ce sont les seules qui présentent des différences bien sensibles sous le rapport des phénomènes météorologiques.

La saison sèche ne justifie la dénomination qu'on lui donne, qu'autant qu'on la compare à celle de l'hivernage. En effet, la quantité d'eau qui tombe à la Martinique, durant cette partie de l'année, est beaucoup plus considérable que celle qui tombe en Europe dans le même laps de temps. Les pluies ne sont cependant pas de longue durée ; mais elles sont fréquentes, et tombent ordinairement avec tant de profusion, que le bruit qu'elles produisent à la surface de la mer ou sur le sol de l'île se fait entendre à de grandes distances. Ces pluies ne sont généralement annoncées par aucun changement apparent dans

Pluies.

l'état de l'atmosphère : le ciel conserve presque partout sa sérénité, et les vents se maintiennent dans la même direction. On voit de petits nuages s'élever successivement de l'horizon et parcourir le ciel avec plus ou moins de rapidité, selon le degré d'intensité du vent qui les pousse ; parfois, ils traversent l'île avec une grande vîtesse, sans verser une seule goutte d'eau : d'autres fois ils se dissipent en un clin d'œil, inondant les lieux sur lesquels ils passent, ou bien viennent se fixer autour des sommités principales de l'île, telles que la montagne Pelée, le morne Jacob et les pitons du Carbet; ils s'y accumulent, et finissent, quand ils s'en détachent, par donner lieu à des grains très-violens qui éclatent sur la côte occidentale, entre le Fort-Royal et la Perle.

Les mois d'août, septembre et octobre, qui comprennent l'hivernage, se font remarquer par de fréquentes révolutions dans l'atmosphère et par des pluies bien plus abondantes que celles des autres mois de l'année. Ils présentent encore d'autres caractères que nous ferons connaître, en parlant des vents particuliers à chaque saison.

Nous avons cherché à établir une comparaison entre les quantités d'eau qui tombent durant l'hivernage et la saison sèche; mais comme les documens que nous avons recueillis, pendant notre séjour à la Martinique, ne sont pas assez étendus pour déterminer le rapport qui existe entre ces deux quantités d'une manière bien précise, nous avons été obligés, pour suppléer à ce qui nous manque, d'avoir recours aux observations météorologiques que M. Thibault de Chanvallon, correspondant de l'académie des sciences, a faites à Saint-Pierre, dans la paroisse du Fort, et qu'il a publiées pour les six derniers mois de l'année 1751. Ces observations méritent la plus entière confiance. M. de Chanvallon s'en est occupé avec une assiduité constante, et les a rendues précieuses par le soin minutieux qu'il a eu l'attention d'y apporter, ainsi que par les remarques intéressantes dont il les a accompagnées dans la relation de son voyage. M. de Chanvallon s'est servi, pour mesurer la quantité de pluie qui tombait en un jour, d'un vase de douze pouces carrés, de sorte que cent quarante-quatre pouces cubiques d'eau correspondaient à un pouce d'eau en hauteur. On trouve, en reprenant les observations consignées pour chaque jour, dans son journal, que la quantité d'eau tombée durant chaque mois d'hivernage est représentée par 5^{po},8 , tandis que celle de chacun des autres mois ne s'élève qu'à 2^{po},7, terme moyen, et qu'ainsi un jour d'hivernage est deux fois aussi pluvieux qu'un jour de la saison sèche.

Ce résultat, conclu d'une seule année d'observations, s'éloigne probablement bien peu de la vérité; mais on doit prévenir qu'il est sujet à de grandes variations, attendu que les hivernages ne se succèdent pas toujours, d'une année à l'autre, en reproduisant les mêmes circonstances atmosphériques. Cette uniformité ne se fait remarquer que dans la saison sèche. Il y a quelquefois des hivernages beaucoup moins humides que celui de 1751 ; nous citerons celui de 1824, que nous avons passé sur la côte orientale de la Martinique : il fut tellement sec qu'on le distinguait à peine du reste de l'année. Il en est d'autres, au contraire, pendant lesquels les pluies sont encore plus abondantes que dans celui de 1751. Une des choses les plus propres à donner quelque idée des pluies subites de l'hivernage, c'est ce qui arriva le 12 août 1751 : il tomba, en une heure, cent douze pouces cubiques d'eau, mesurés avec le vase dont il a été question, ou trois quarts de pouce en hauteur.

Les orages, de même que ces pluies extraordinaires, semblent être limitées à l'hivernage; hors de ce temps, on n'entend presque jamais le tonnerre. Il nous est impossible de découvrir quelles peuvent être les causes de ce phénomène qui distingue, d'une manière si particulière, la saison de l'hivernage du reste de l'année; car l'atmosphère éprouve quelquefois, dans l'une et l'autre saison, et pendant des espaces de temps assez considérables, des révolutions analogues entre elles. Il se trouve, dans chacune d'elles, des jours où se réunissent toutes les circonstances qui paraissent propres à former les orages ou qui les accompagnent ordinairement, telles qu'une température très-élevée et des calmes, des grains violens et de fréquentes variations dans la direction et la force des vents. Un autre fait dont nous avons été fort surpris, c'est que le tonnerre n'est point annoncé à la Martinique, comme dans notre climat, par un bruit sourd et lointain : ses éclats se font entendre tout-à-coup, et à peu de distance du foyer d'où ils partent. Malgré les montagnes répandues sur l'île et les vallons qui la sillonnent, aucun écho n'en répète les sons; il semble même qu'il suffit d'avoir entre soi et le nuage électrisé une chaîne de montagnes un peu élevées pour détruire la propagation du son produit par la foudre.

Baromètre. Ces orages, et en général toutes les circonstances atmosphériques, la pluie, le beau temps, le vent, les tempêtes même paraissent n'exercer aucune action sur les mouvemens du baromètre. Cet instrument offre donc la singularité bien remarquable de ne pouvoir point servir, comme en Europe, à indiquer les variations du temps. D'après nos observations et celles de M. Thibault, dont le nombre est de sept cent vingt pour l'année 1751, la hauteur moyenne du baromètre, à 22° du thermomètre de Réaumur, est de

28^{po} $3^{l},89$ au niveau de la mer, et varie entre 28^{po} 6^{l} et 28^{po} $1^{l},66$.

En France, les variations qu'éprouve la hauteur du baromètre sont, comme on sait, incomparablement plus considérables; elles ont pour limites, au niveau de la Seine et à 12° de température, 28^{po} 4^{l} et 26^{po} 7^{l}; et la moyenne de toutes les hauteurs observées, pendant plusieurs années consécutives, est de 28^{po} $2^{l},2$ à la température de la glace fondante.

Pour pouvoir faire le rapprochement de cette pression atmosphérique moyenne et de celle que nous avons observée à la Martinique, il faut avoir égard à la dilatation qu'éprouve la colonne de mercure pour 22° de température; on trouve alors que la hauteur moyenne du baromètre est, à la Martinique de même qu'en France, de 28^{po} $2^{l},2$ au terme de la congélation.

Variation diurne de la hauteur du baromètre.

On remarque, à la Martinique comme en Europe, la tendance du mercure à monter et à descendre périodiquement, chaque jour aux mêmes heures; mais les oscillations sont beaucoup plus régulières que dans nos climats; aussi découvre-t-on facilement la loi qu'elles suivent, tandis qu'en France ce n'est que par une longue suite d'observations qu'on est parvenu à la reconnaître à travers le grand nombre d'irrégularités qu'elle éprouve. Cette marche périodique du mercure n'est aucunement troublée par les révolutions de l'atmosphère, comme si les causes qui la déterminent restaient invariables; sa régularité en tout temps est telle, selon M. de Humboldt, qu'on peut en quelque sorte avoir l'heure approximativement aux différentes époques de la journée, en la suivant avec attention. Ce mouvement diurne varie cependant quelquefois : mais les légères altérations qu'il subit

6

n'annoncent pas que le baromètre soit sensible à un changement de temps; car elles sont arrivées dans plusieurs occasions où il n'existait dans l'état apparent de l'atmosphère, soit à la Martinique, soit dans les îles voisines, aucune cause susceptible de les produire.

Peu de temps après notre arrivée au Fort-Royal, nous nous aperçûmes que le baromètre montait insensiblement pendant la matinée, et qu'il restait stationnaire aux environs de midi, pour descendre ensuite peu à peu jusqu'aux environs du coucher du soleil, époque où il restait de nouveau stationnaire pendant une heure ou deux; après quoi il montait jusqu'aux environs de minuit, pour atteindre, comme vers midi, son maximum de hauteur. Il revenait ensuite, vers le lever du soleil, à son minimum, ayant ainsi, en vingt-quatre heures, deux mouvemens d'ascension et d'abaissement d'une durée presque égale.

La variation qu'éprouve la hauteur du baromètre en un jour peut être évaluée à une ligne : toutefois il ne faut pas la regarder comme constante ; elle est tantôt plus petite, tantôt plus grande, et s'élève souvent jusqu'à deux lignes.

Température. La température diffère beaucoup à la Martinique, d'un lieu à l'autre ; les modifications qu'elle éprouve proviennent des changemens brusques qui existent dans la hauteur et l'exposition du sol. Ainsi le thermomètre de Réaumur, à l'ombre, ne monte pas au-delà de 24°, au fort Bourbon, élevé de cent cinquante-deux mètres au-dessus du niveau de la mer, tandis qu'il monte, au Fort-Royal, jusqu'à 28°; et, par des observations simultanées faites à Saint-Pierre et au morne de la Calebasse, aux approches de midi, on a trouvé 6° de différence entre la chaleur, à l'ombre, de ces deux points de l'île.

Lorsqu'on est près de la côte et à peu d'élévation au-dessus du niveau de la mer, la température reste à-peu-près la même pour tous les points de l'île, aux mêmes heures de la journée. La chaleur moyenne à l'ombre, pendant toute l'année, est, le matin au lever du soleil, de 18° à 20° ; elle augmente peu à peu jusqu'à une heure, où elle est, terme moyen, de 25°; elle diminue ensuite insensiblement jusqu'au coucher du soleil, où elle est de 20 à 21° : pendant la nuit, elle reste à peu de chose près constante.

La chaleur moyenne de la saison sèche est de 21° à l'ombre, et celle de l'hivernage de 22°. Le thermomètre monte jusqu'à 27° et descend jusqu'à 16° dans la première ; il monte dans la deuxième jusqu'à 28°, et descend jusqu'à 17°.

Au soleil, la température s'élève souvent à 34, 35 et 36°, et quelquefois à 39 et 40 de Réaumur; elle atteint même quelques degrés de plus, mais rarement; encore faut-il, pour déterminer une chaleur aussi considérable, un concours de circonstances qu'on ne trouve guère que dans le fond de quelques baies profondes, dominées par des mornes qui réfléchissent de toutes parts les rayons du soleil, et s'opposent à la circulation de l'air. On les trouve encore dans des ravines fortement encaissées, dont la direction n'est pas la même que celle du vent, et enfin à l'entrée des rivières obstruées par les mangliers, comme les rivières salées du Lézard et du Lamentin, qui se jettent dans la baie du Fort-Royal, et celles du François, du Robert et du Galion, situées à la côte orientale.

D'après les indications du thermomètre, la saison sèche et la saison humide présentent des différences très-peu sensibles sous le rapport de la température; mais si l'on juge de la chaleur d'après les sensations qu'on éprouve, on reconnaît, dans ces deux saisons, des caractères qui les distinguent l'une de l'autre, et qui se modifient, comme on va le voir, d'une année à l'autre, selon les vents qui soufflent le plus habituellement dans chacune d'elles.

Vents.

Dans la saison sèche, les vents soufflent avec uniformité dans la direction de l'Est à l'Est-Nord-Est, qui est celle des vents alisés. Lorsqu'ils s'en écartent, c'est toujours pour peu de temps, et ils s'en rapprochent bientôt, comme s'ils étaient assujettis à y revenir sans cesse. Ce sont les vents de cette partie qui seuls ont la propriété de tempérer la chaleur, de la rendre supportable, même dans les circonstances où le thermomètre annonce la plus haute élévation de température.

Les vents soufflent donc toujours à-peu-près de la même direction en vingt-quatre heures. On remarque souvent que leur force augmente depuis le matin jusqu'à une heure ou deux, et diminue ensuite peu à peu avec l'abaissement du soleil ; mais c'est une règle à laquelle on trouve de fréquentes exceptions.

Dans l'hivernage, les vents perdent leur régularité ; ils varient depuis l'Est-Nord-Est jusqu'à l'Ouest, en passant par le Sud. Leur force devient inégale, et les changemens auxquels leur direction est sujette sont ordinairement accompagnés de brises très-faibles, ou de calmes qui occasionnent une chaleur insupportable. Dans ces momens, l'air brûlant qu'on respire exerce sur les organes une influence qui se fait sentir promptement, et qui ôte jusqu'à la faculté d'agir.

Influence pernicieuse des vents de la partie du sud, sur l'état sanitaire des Antilles.

Le grand abattement causé par ces calmes est cependant moins pénible que celui qu'on éprouve, lorsque les vents de la partie du Sud viennent à régner. Ces vents chauds et humides paraissent apporter avec eux les causes qui ont le plus d'activité pour développer et étendre, dans les lieux situés près de la mer et à peu d'élévation au-dessus de son niveau, les maladies auxquelles sont principalement exposés les marins, les soldats, et en général les Européens arrivés depuis peu de temps dans les Antilles. Ils prédisposent à la fièvre jaune ainsi qu'aux inflammations d'intestins et autres affections qui acquièrent un caractère de plus en plus grave sous leur action prolongée ; du moins c'est ce que confirment les médecins les plus éclairés d'Amérique, entre autres le docteur Lefort, qui a traité la question du développement de la fièvre jaune avec une grande habileté, dans un mémoire publié en 1823, à la Martinique, sur la non-contagion de cette maladie. L'opinion de ce médecin distingué est fondée sur ce qu'il a vu lui-même en parcourant les Antilles et les États-Unis, et sur les observations assidues qu'il a faites dans l'hôpital du Fort-Royal, pendant huit années consécutives : elle est en outre fortifiée du témoignage de la plupart des personnes qui se sont trouvées dans le cas de remarquer les changemens fâcheux qui s'opéraient dans l'état sanitaire des Antilles, lorsque les vents de la partie du Sud venaient à régner avec continuité plusieurs jours de suite. Nous avons eu, nous-mêmes, l'occasion d'apprécier la justesse de cette opinion, tandis que nous étions occupés, vers la fin d'août 1824, de la reconnaissance hydrographique du havre du Robert. Effectivement, jusqu'à cette époque, les vents alisés ayant toujours soufflé dans leur direction habituelle et avec presque autant d'uniformité que dans la saison sèche, la température avait été supportable et l'atmosphère peu chargée d'humidité; aussi jouissions-nous, ainsi que les hommes attachés à l'expédition, d'une santé qui ne s'était point encore altérée : mais les vents de Sud ayant succédé après quelques jours de calme aux vents alisés, cet état de choses changea bientôt pour nous comme pour tout le reste de la colonie; un affaissement, auquel il était presque impossible de résister, s'empara de nous dès le premier jour; le second jour il s'accrut encore, et le troisième il fallut suspendre nos opérations. Heureusement, le quatrième jour, les vents alisés ayant repris leur cours, notre malaise extraordinaire ne tarda pas à cesser, et le prompt rétablissement de nos forces nous permit de poursuivre nos travaux avec autant d'activité que de coutume. Ce qui arriva dans cette circonstance se lie si intimement à l'action des vents de Sud, qu'il est impossible de n'y pas reconnaître, avec M. Lefort, la cause principale des maladies qui attaquent les personnes non acclimatées dans les Antilles.

Il résulte de cette influence pernicieuse des vents de la partie du Sud, que la saison de l'hivernage est en général beaucoup plus malsaine que la saison sèche, et qu'on peut savoir avec assez d'exactitude quel est le degré de salubrité propre à l'une et l'autre de ces saisons, d'après la fréquence des vents de Sud, et la continuité avec laquelle ils soufflent dans chacune d'elles.

Pendant notre séjour à la Martinique, les vents de Sud n'ont presque jamais régné, même dans l'hivernage; mais cette circonstance étant très-rare, nous ne saurions établir, d'après nos seules observations, quel est, année commune, le nombre des jours de vent de Sud, dans les trois mois d'hivernage et dans la saison sèche. Nous aurons recours, faute de documens de notre part, aux observations de M. de Chanvallon : on trouvera ainsi qu'en 1751 les vents ont été très-variables durant les mois d'août, septembre, octobre, et qu'ils ont soufflé quarante jours, mais non consécutivement, avec des intervalles de calme, depuis l'Est jusqu'à l'Ouest; tandis que, durant l'autre partie de l'année, ils n'ont soufflé que trente jours de l'Est au Sud, et qu'ils ne se sont jamais écartés que bien peu d'instans de la direction habituelle des vents alisés. C'est à-peu-près ce qui se passe dans le cours d'une année; néanmoins, le nombre des jours de vents de la partie du Sud varie souvent d'une année à l'autre, de sorte qu'on ne peut indiquer à cet égard aucune loi générale. Il existe des hivernages durant lesquels les vents varient sans cesse entre l'Est, le Sud et l'Ouest : ceux-là sont ordinairement pluvieux et très-malsains. Il en est d'autres, au contraire, pendant lesquels les vents alisés soufflent avec presque autant d'uniformité que dans la saison sèche; ces derniers sont en général peu humides et sont assez sains.

Ce qui précède fait voir jusqu'à quel point les effets produits sur l'état sanitaire des Antilles dépendent des modifications qu'éprouvent les vents dans l'hivernage, et des calmes fréquens qui ont ordinairement lieu dans cette saison. Ces causes, malgré leur grande influence, ne sont cependant pas les seules qui tendent à altérer la salubrité du climat: nous devons encore en signaler d'autres qui tiennent aux localités, et que nous avons eu l'occasion de reconnaître, dans le cours des opérations détaillées que nous avons exécutées autour de la Martinique. Ces dernières n'ont pas le même degré d'activité sur tous les points, et paraissent borner leur influence aux lieux situés dans le voisinage de la mer, et à peu d'élévation au-dessus de son niveau; comme elles dépendent des circonstances locales, il en résulte qu'elles sont très-sensibles dans quelques parties de la côte, tandis que, dans d'autres, elles se font à peine sentir: aussi voit-on des mouillages où leur influence est nulle, ou à-peu-près nulle, et d'autres où leur action devient très-pernicieuse, surtout lorsque les vents de la partie du Sud viennent à la favoriser. Il est très-important de faire connaître ces diverses parties de la côte, et d'indiquer celles dont la salubrité présente sur les autres un avantage qui ne saurait être trop apprécié aux Antilles, dans l'intérêt des équipages des bâtimens de guerre et de commerce qu'on y fait stationner durant l'hivernage.

Avantage de la côte orientale sur la côte occidentale, sous le rapport de la salubrité du climat.

Plusieurs circonstances tendent, par leur concours, à donner à la côte de l'Est un degré de salubrité que ne peut avoir la côte occidentale. On remarque d'abord que rien ne s'oppose à la libre circulation des vents régnans sur tous les points de la côte orientale, tandis que les hautes montagnes situées dans l'intérieur de l'île, et les mornes qui s'élèvent sur leurs versans jusqu'aux approches du rivage, sont autant d'obstacles qui empêchent les vents d'arriver directement dans quelques endroits de la côte occidentale, mais sur-tout entre la baie du Fort-Royal et le canal de la Dominique. Il s'ensuit que, dans la première partie de l'île, la chaleur est ordinairement supportable, et qu'elle est accablante dans l'autre.

D'un autre côté, les havres, les baies, et en général tous les mouillages de la côte orientale, ne reçoivent presque jamais les émanations des lieux bas et marécageux, puisque les vents les chassent vers l'intérieur des terres, à mesure qu'elles se mêlent à l'atmosphère. La côte occidentale, au contraire, est exposée presque partout à l'influence de ces émanations locales; mais c'est dans la baie du Fort-Royal, et particulièrement dans le cul-de-sac connu sous le nom de *Cohé du Lamentin* et le mouillage des Trois-Ilets, que cette influence est le plus sensible. La raison en est que le fond de cette baie est occupé par des terrains vaseux et couverts de mangliers, d'où s'élèvent sans cesse des vapeurs malsaines, que le vent transporte, à mesure qu'elles se forment, sur les mouillages que nous venons de désigner. Quand le calme règne et que la température est haute, une évaporation abondante donne naissance à un brouillard épais qui s'élève à peu de hauteur et répand une espèce de voile sur le fond de la baie du Fort-Royal et la plaine du Lamentin. Ce brouillard renferme des miasmes tellement fétides, que souvent on ne peut le traverser sans avoir l'odorat affecté d'une manière très-désagréable. Il occasionne beaucoup de fièvres pernicieuses dans les habitations qui se trouvent sur les lieux où il prend naissance, et l'on conçoit combien il doit être dangereux pour les équipages des bâtimens que l'on fait hiverner dans le mouillage des Trois-Ilets, où il étend sa sphère d'activité.

Brouillard qui se répand, dans les grandes chaleurs, sur la plaine du Lamentin.

Enfin, une dernière cause d'insalubrité qui se fait plus sentir encore sur la côte occidentale que sur la côte exposée à l'action directe des vents régnans, c'est l'humidité. En effet, les nuages qui viennent de l'horizon passent souvent sur la côte de l'Est sans y verser une seule goutte d'eau, tandis qu'ils s'accumulent, comme nous l'avons déjà dit, autour des montagnes situées dans le centre de l'île, et produisent une foule de grains qui éclatent sur la côte occidentale et la rendent plus humide que l'autre.

Tout se réunit, comme on voit, pour favoriser le climat de la côte orientale, et c'est sans doute au concours heureux des circonstances locales que nous venons de décrire qu'il faut attribuer la salubrité des havres qui y sont situés, tels que ceux de la Trinité, du Galion, du Robert, et autres, le François excepté. Ce dernier est resserré entre des côtes qui contribuent, malgré leur peu d'élévation, à y rendre la chaleur considérable, et qui sont en outre bordées de mangliers et de terrains marécageux dont le voisinage n'est pas sans danger.

De tous ces havres, le Robert est celui qui mérite la préférence; c'est même le seul qui puisse convenir aux vaisseaux et aux frégates. On y trouve un mouillage spacieux et commode, et l'on peut y caréner avec facilité dans plusieurs endroits. On peut aussi s'approvisionner, au bourg du Robert, de tous les vivres du pays. C'est entre l'île de la petite Martinique et la pointe Royale, où est située l'habitation Marlet, qu'il faudrait jeter l'ancre pour profiter, avec le plus de certitude, de toutes les conditions de salubrité dont nous venons de parler. Ce mouillage présente un abri qui n'est pas moins sûr que ceux qu'on trouve dans le carénage de la baie du Fort-Royal et aux Trois-Ilets, et d'après toutes les considérations que nous venons de développer, il nous paraît devoir leur être préféré pour y faire stationner les bâtimens de guerre et de commerce qui restent à la Martinique durant l'hivernage. Ces bâtimens trouveront dans le havre du Robert un refuge assuré contre les mauvais temps auxquels on est exposé dans les mois d'août, septembre et octobre: si leur sûreté se trouvait jamais compromise, ce ne pourrait être que dans les ouragans, dont la violence est quelquefois si terrible, aux Antilles, qu'il n'est pas possible de calculer jusqu'à quel point on peut y résister, même dans le port le mieux fermé. Ces redoutables tempêtes, heureusement, n'ont pas lieu tous les ans, et n'arrivent en outre que pendant l'hivernage. On peut donc prévoir, dès le commencement de cette saison, les accidens contre lesquels on doit se tenir en garde, et prendre en conséquence toutes les précautions ordonnées par la prudence.

Ouragans.

Les plus violens coups de vent d'Europe ne sauraient donner l'idée d'un ouragan; on peut en juger par le ravage que fit, à la Martinique, celui du mois d'octobre 1817, qui est le dernier qu'on ait essuyé dans cette colonie. Douze années de prospérité ont succédé à cette catastrophe. Cependant les malheurs qu'éprouvèrent les habitans, et qui causèrent la ruine d'un grand nombre d'entre eux, ne sont réparés qu'en partie. Des plantations de toute espèce disparurent sous les efforts de cet ouragan, comme si le feu les eût dévorées : on vit, dans l'espace de quelques heures, sur toute la surface de l'île, des maisons et des établissemens renversés, dont il ne restait d'autres vestiges que leurs débris épars; des arbres d'une grosseur énorme, déracinés et enlevés de terre tout entiers; d'autres qui résistèrent, brisés comme de faibles arbrisseaux; et beaucoup de désastres encore qui paraîtraient incroyables, si des traces de l'ouragan de 1817, qui ont subsisté jusqu'à ce jour sur les lieux, n'en constataient la réalité de la manière la plus évidente.

Conjecture sur la cause des ouragans.

Les ouragans sont des phénomènes remarquables qui semblent, aux Antilles, dépendre de causes agissant spontanément et avec violence sur un espace peu considérable. On peut conjecturer, avec beaucoup de vraisemblance, qu'ils proviennent principalement d'une dilatation locale dans l'atmosphère; car ils arrivent dans une saison qui se distingue par des calmes fréquens et une température très-élevée, ainsi que par des changemens subits dans l'état du ciel et par des orages, circonstances dont les unes ont de la tendance à occasionner des déplacemens d'air plus ou moins prompts dans les régions circonscrites où leur action se fait sentir, et dont les autres sont la preuve de ces déplacemens. Pendant la durée des ouragans, les vents soufflent à-la-fois sous tous les degrés d'inclinaison, depuis l'horizon jusqu'au zénit : c'est ce que confirment tous les habitans; ils varient entre des limites assez fixes, qui s'étendent depuis le Nord-Ouest jusqu'au Nord-Est, en passant par le Nord : s'ils soufflent quelquefois du côté du Sud, c'est momentanément; ils rentrent bientôt entre leurs limites ordinaires, comme s'ils étaient repoussés de la partie du sud, direction qu'ils n'ont prise qu'accidentellement.

Ras-de-marée. Un autre phénomène très-remarquable, qui a lieu principalement sur la côte occidentale et sur la rade de Saint-Pierre, c'est celui des ras-de-marée.

On entend par *ras-de-marée*, aux Antilles, un mouvement d'ondulation imprimé aux eaux de la mer, mais auquel le vent ne paraît prendre aucune part dans le lieu où il se fait sentir. Il est à remarquer que les coups de vent et ouragans de la Guadeloupe en occasionnent à la Martinique, et réciproquement que ceux de la Martinique en occasionnent à la Guadeloupe. On ne peut donc mieux les comparer qu'à une agitation de la mer qui se communique successivement par la propagation des vagues, depuis le lieu où un coup de vent aurait régné et régnerait encore jusqu'à celui où cette agitation se fait sentir sans que le vent semble la déterminer.

Lorsque les ras-de-marée sont violens sur la rade de Saint-Pierre, la mer, vue de la ville, paraît être calme et tranquille au large; on ne pourrait juger des grandes ondulations qui existent à sa surface qu'à l'aspect d'un bâtiment abandonné aux mouvemens des vagues sans pouvoir gouverner; mais il n'en est pas ainsi aux approches de la côte : des lames, soulevées à une hauteur prodigieuse, s'avancent en grossissant jusqu'auprès du rivage, et là elles se déploient avec un fracas extraordinaire, entraînant tout ce qui leur fait obstacle. Dans ces sortes d'événemens, les bâtimens mouillés sur la rade sont exposés à une perte presque inévitable.

On n'a d'exemple de ces redoutables ras-de-marée que dans la saison de l'hivernage, où les vents sont sujets, comme nous l'avons déjà dit, à varier beaucoup et à passer au Sud et à l'Ouest. Dans la saison sèche, ils sont fort rares, peu sensibles, et par conséquent ne sont pas fort à craindre.

L'hivernage commence trois jours avant la nouvelle ou la pleine lune de la fin du mois de juillet, et finit trois jours après la nouvelle ou la pleine lune de la fin d'octobre. Il est défendu aux bâtimens, pendant ces trois mois, de rester sur la rade de Saint-Pierre : on les fait stationner au carénage de la baie du Fort-Royal ou bien aux Trois-Ilets. Les époques qu'on a fixées, pour le commencement et la fin de cette saison, ne sont pas prises arbitrairement : elles ont été adoptées, telles que nous venons de les désigner, d'après l'observation de ce qui s'est passé pendant plusieurs années, sous le rapport des grandes révolutions de l'atmosphère, et d'après la remarque qui a été faite, que les principaux changemens de temps paraissaient presque toujours arriver aux environs des nouvelles et pleines lunes.

CHAPITRE II.

Courans.

LES courans qu'on observe aux côtes de la Martinique paraissent résulter principalement de l'influence du courant équinoxial, et se présentent comme un effet immédiat du mouvement, à travers les Antilles, de la masse d'eau qui s'y trouve ainsi transportée, après avoir suivi parallèlement les côtes d'Amérique, depuis le cap Saint-Roch jusqu'à l'île de la Trinité. Vers le parallèle de cette île, une faible portion de cette masse d'eau se détache du courant principal pour pénétrer dans la mer des Antilles par le canal de la Grenade; elle se meut avec la vîtesse d'un mille à un mille et demi vers l'Ouest, et suit, en se maintenant à une certaine distance de la côte ferme, la ligne des îles qui en sont voisines. L'autre partie suit la direction générale du Nord-Ouest, à travers les Antilles, et se divise, à la rencontre de ces îles, en diverses branches ou courans particuliers qui éprouvent une foule de modifications dépendant de leur position relative et de la configuration de leurs côtes, ainsi que de la direction et de la force des vents alisés.

Avant d'exposer en détail quelles sont ces modifications, à la Martinique, il est nécessaire de suivre la marche du courant qui prolonge les côtes d'Amérique, et de faire connaître l'étendue de mer qu'il embrasse dans sa largeur. Si l'on consulte le *Routier des Antilles*, ainsi que les *Instructions nautiques des côtes de la Guiane*, que M. Lartigue, lieutenant de vaisseau, vient de rédiger au dépôt général de la marine, d'après des documens recueillis par lui-même sur les lieux et beaucoup d'autres qu'il a puisés dans les journaux de divers bâtimens de l'État, on voit que le courant qui existe au large des côtes de la Guiane a sa limite occidentale à dix lieues environ du continent par neuf brasses de fond, et que sa limite orientale ne s'en éloigne pas à plus de quatre-vingts lieues. Au-delà du parallèle de la Trinité, la direction de ce courant est à-peu-près la même que celle qu'il avait auparavant : c'est celle du Nord-Ouest. Cependant, comme il ne se trouve dans l'Ouest aucun obstacle qui l'empêche de s'étendre vers la mer des Antilles, il s'infléchit peu à peu sous l'action des vents alisés, et s'incline insensiblement vers l'Ouest $\frac{1}{4}$ Nord-Ouest, direction qu'il atteint sous le vent des Antilles, et qu'il conserve jusqu'à peu de distance de son entrée dans le golfe du Mexique. Il embrasse dans son cours la Barbade, la Martinique et les îles qui se trouvent au Sud; et sa limite orientale vient couper la ligne des Antilles dans les environs de la Dominique. La Guadeloupe est en dehors de cette limite, et dès-lors ne se trouve point comprise dans le courant général dont nous venons de parler. Les îles de Mont-Serrat, de Saint-Christophe, de Sainte-Croix, &c., sont, à plus forte raison, dans le même cas. Ainsi les courans qui ont lieu sous le vent des Antilles, situées au Nord de la Dominique, ne dépendent que de l'action permanente des vents alisés; et conséquemment ils doivent se diriger habituellement vers l'Ouest $\frac{1}{4}$ Sud-Ouest. C'est en effet ce que Churucca a remarqué aux environs de l'île de Aves et dans l'espace compris entre cette île et le banc de Saba, de même qu'entre l'île de Sainte-Croix et la Dominique.

Quant à la masse d'eau qui pénètre dans la mer des Antilles par l'espace compris entre la Trinité et la Dominique, elle est soumise, comme on voit, à deux impulsions : l'une qui provient du mouvement qu'elle avait en prolongeant les côtes d'Amérique, et l'autre qui est due à l'action directe des vents alisés. Ces deux impulsions combinées produisent, sous le vent des îles, un courant d'Ouest-Nord-Ouest dont la vîtesse est d'environ un mille, mais qui varie beaucoup, comme le prouvent les observations faites par D. Côme Churucca pendant sa mission hydrographique. On voit, d'après ces mêmes observations, qu'il existe souvent des courans portant vers la partie du Nord, et dont la vîtesse atteint quelquefois plus de trois milles à son maximum, dans les canaux de Sainte-Lucie et de Saint-Vincent, ainsi que sur les côtes orientales de ces îles et de la Martinique. Ce sont les eaux venant du Sud-Est, par l'effet du courant général, qui occasionnent ces courans particuliers ; car elles sont obligées de changer de route en arrivant près de ces îles, pour suivre des directions plus ou moins rapprochées de celle du Nord, selon le gisement et la position relative des côtes qui dérangent leur mouvement primitif. Elles se meuvent dans quelques circonstances, vers le Nord-Nord-Est, dans le canal de Sainte-Lucie et sur la côte orientale de la Martinique, aux environs de la pointe des Salines : mais il est à remarquer que ceci n'arrive que lorsque les vents alisés sont trop faibles pour produire un courant qui puisse altérer le mouvement des eaux, vers le Nord, et les forcer de prendre une direction entre le Nord et l'Ouest.

Passons maintenant de la connaissance des faits généraux, qui viennent d'être établis, à l'explication de ceux que nous avons observés à l'égard des courans et des modifications qu'ils éprouvent sur les côtes de la Martinique, selon la direction et la force des vents alisés.

Dans le cas le plus général, qui est celui où les vents alisés soufflent avec une force moyenne et dans la direction de l'Est à l'Est-Nord-Est, les eaux acquièrent, avant d'arriver à la Martinique, un mouvement vers l'Ouest $\frac{1}{4}$ Nord-Ouest, qui se fait remarquer habituellement aux environs de la Perle et de la pointe des Salines, et qui résulte, ainsi que nous l'avons déjà dit, de celui qu'elles ont, par l'effet du courant général, vers le Nord-Ouest, et de celui qui provient de l'impulsion que leur communique l'action constante des vents alisés. Il se forme aussi, entre ces deux points opposés de l'île, un courant de Nord-Nord-Ouest qui longe la côte orientale depuis le canal de Sainte-Lucie, et dont la vitesse atteint quelquefois quatre milles près de la Caravelle : c'est dans les environs de ce rocher que sa vitesse est la plus grande. Il se porte, à partir de là, vers la pointe du Macouba en ligne directe, passant ainsi devant la baie de la Trinité sans que son influence paraisse s'y faire sentir. De la pointe des Salines, les courans portent vers le rocher du Diamant, et y acquièrent souvent une vitesse aussi grande que celle qu'ils ont près de la Caravelle; ils côtoient ensuite le rivage jusqu'au cap Salomon, et se dirigent de ce point vers le Nord-Ouest $\frac{1}{4}$ Nord, jusqu'à l'entrée du canal de la Dominique, où ils se réunissent au courant général d'Ouest-Nord-Ouest, qui pénètre dans la mer des Antilles.

Les courans passant par le Nord et par le Sud de l'île ne se rejoignent pas toujours près de la côte occidentale; aussi les trouve-t-on, dans quelques occasions, bien peu sensibles entre la baie du Fort-Royal, la rade de Saint-Pierre et l'entrée du canal de la Dominique.

Dans le cas plus particulier où les vents alisés sont faibles, l'impulsion qu'ils donnent aux eaux devient presque nulle;

et c'est alors qu'on remarque le mouvement qui entraîne les eaux vers la partie du Nord, du Nord $\frac{1}{4}$ Nord-Est, dans toute la largeur du canal de Sainte-Lucie. En arrivant aux approches du rocher et du morne du Diamant, elles se partagent en deux branches, et forment ainsi deux fils de courans, dont l'un suit les contours de la côte occidentale, sans entrer dans la baie du Fort-Royal, et vient se réunir au courant général qui entre par le canal de la Dominique; l'autre prolonge la côte méridionale de l'île, se dirigeant d'abord à l'Est jusqu'au Marin, et se détournant ensuite vers le Sud-Sud-Est, pour gagner la pointe des Salines, et y produire, par sa combinaison avec le courant général de la côte orientale, un courant particulier portant au Nord-Est et dont la vitesse est d'environ un mille à un mille et demi. On voit donc que les eaux peuvent avoir, dans quelques circonstances et en même temps, des mouvemens en sens contraires à la pointe des Salines et près de la Perle. Quant à leur mouvement sur la côte orientale, il s'exécute dans le sens du Nord-Nord-Ouest, comme dans le cas où les vents alisés soufflent avec force de l'Est à l'Est-Nord-Est.

Les courans qu'on observe, au vent de l'île, entre la pointe des Salines et la Caravelle, ne suivent pas toujours la même direction. Le Nord-Nord-Ouest est celle qu'ils ont habituellement, mais il arrive quelquefois qu'ils portent dans une direction diamétralement opposée. Ce sont les vents qui opèrent ce changement, lorsqu'ils viennent à passer au Nord-Est et à souffler de cette partie avec une certaine force. Au large de la Martinique, leur action donne aux eaux une impulsion à laquelle elles obéissent avec d'autant plus de facilité que leur température élevée les rend plus légères et plus susceptibles de perdre le mouvement qu'elles avaient pour en acquérir un autre avec promptitude. Il en résulte un courant qui porte au Sud-Ouest, mais qui est modifié en arrivant aux approches de la Caravelle. Les vents de Nord-Est accumulant sans cesse les eaux dans la baie de la Trinité, les obligent de s'écouler, d'une part, vers la côte du Macouba, où elles se joignent au courant du canal de la Dominique, et, de l'autre part, vers la Caravelle, où leur mouvement se combine avec celui qu'elles ont au large et qui vient du Nord-Est. C'est ainsi que se forme un courant de Sud-Sud-Est, portant parallèlement à la côte orientale, et qui conserve cette direction pendant un plus ou moins long espace de temps, selon la durée des vents qui l'ont établi.

Les lois que nous venons de faire connaître sur les courans et les modifications qu'ils éprouvent, selon la direction et la force des vents alisés, subsistent généralement sur tous les points du contour de la Martinique. Il ne faut cependant pas les regarder comme invariables : car les faits ne sont pas toujours d'accord entre eux; parmi ceux que nous avons observés, il en existe un petit nombre qui sont de véritables anomalies auxquelles ces lois paraissent être sujettes. Ainsi les courans ne portent pas constamment à l'Ouest-Nord-Ouest, dans le canal de la Dominique et à la pointe des Salines : leur direction change quelquefois, d'un jour à l'autre, pour passer à celle du Nord-Est au Nord-Nord-Est, qui est presque entièrement opposée à celle qu'on observe habituellement. Nous avons expliqué comment cet effet pouvait avoir lieu à la pointe des Salines; mais le peu d'observations que nous avons ne nous permet que de hasarder des conjectures sur les causes qui le produisent dans le canal de la Dominique et aux environs de la Perle. Ce qu'il y a de certain, c'est que les courans accidentels dont nous parlons ne se font pas seulement sentir dans quelques localités particulières; leur action s'étend, au contraire, sur des espaces considérables, comme nous avons eu occasion de le vérifier pendant notre séjour à la Martinique, et surtout en quittant cette colonie pour revenir en France. Après être parti de la rade de Saint-Pierre avec des brises extrêmement faibles, notre bâtiment fut porté, sans le secours de ses voiles, jusqu'aux environs de la Perle, puis dans le canal de la Dominique, dont il sortit le lendemain en calme. Arrivés sous le parallèle de la Dominique, nous nous estimâmes à quatre lieues de cette île, et nous continuâmes, pendant toute la durée du jour suivant, à remarquer le mouvement qui entraînait le bâtiment vers le Nord-Est $\frac{1}{4}$ Nord, avec la vitesse d'un mille environ. Nous atteignîmes ainsi, par le seul effet du courant, le parallèle de Marie-Galante, sur une direction qui nous en faisait passer à plus de vingt milles. A partir de cette position, le mouvement des eaux vers le Nord-Est commença à se ralentir; et les vents étant venus à s'élever, nous pûmes en profiter pour faire bonne route: ce qui nous empêcha de remarquer le lieu et l'époque où les courans avaient cessé d'être sensibles. Il se présente dans le fait que nous venons de citer, et dans plusieurs autres dont nous avons été témoins, une circonstance remarquable, qui pourrait peut-être mettre sur la voie pour découvrir la cause des courans de Nord-Est dans les environs de la Perle et du canal de la Dominique: c'est que les brises étaient très-légères, dans les occasions où nous avons observé le mouvement accidentel des eaux vers cette partie. D'après cela, n'est-il pas présumable que les eaux s'accumulent dans la mer des Antilles, comme dans une espèce de grande lagune, d'un côté, par l'impulsion qu'elles reçoivent de l'action constante des vents alisés, de l'autre, par l'effet du grand courant qui prolonge les côtes d'Amérique, et que de cette accumulation résulte une élévation du niveau de cette mer au-dessus du niveau général de l'Océan, élévation qui ne se maintient qu'autant que les vents alisés ont assez de force pour la soutenir en équilibre? S'il en était ainsi, on conçoit que les calmes ou les brises légères pourraient donner lieu à une espèce de reflux vers l'Est qui se ferait sentir jusque dans les Antilles, et même au vent de ces îles. Le fait est, que ce reflux existe souvent dans la mer des Antilles, comme l'ont remarqué plusieurs officiers de la marine espagnole, en passant de la côte ferme à Porto-Ricco, Saint-Domingue, la Jamaïque et autres îles.

Dans ce qui précède, nous n'avons point compris les marées au nombre des causes qui déterminent les courans sur les côtes de la Martinique; car elles sont tellement faibles, que les mouvemens périodiques des eaux résultant de leur influence sont trop peu sensibles pour modifier le moindrement ceux qui proviennent du courant général dont il a été question, et de l'action directe et constante des vents alisés. Marées.

La plus grande différence de niveau entre la haute mer et la basse mer, observée dans le havre du Robert, est de vingt-huit pouces; elle excède de treize pouces celle que nous avons observée dans la baie du Fort-Royal. Ceci ne doit point être attribué à des marées qui seraient plus fortes au vent de l'île que sous le vent, mais bien aux vents alisés qui élèvent le niveau des eaux, sur la côte orientale, à plus ou moins de hauteur, selon leur plus ou moins de force et la direction dans laquelle ils soufflent.

Comme ces vents n'agissent pas constamment avec uniformité, ils font éprouver beaucoup de modification aux mouvemens d'élévation et d'abaissement des eaux. Il en résulte que l'ordre de succession des marées est troublé, et que les intervalles de temps qui s'écoulent d'un jour à l'autre entre la haute mer et la basse mer sont très-irréguliers. Néanmoins, en rassemblant les observations faites dans les lieux cités plus haut, on reconnaît que la mer est pleine, à la Martinique, vers quatre heures, les jours de nouvelle et de pleine lune, et que les marées arrivent généralement à leur maximum de hauteur vers ces époques.

CHAPITRE III.

Attérage de la Martinique ; structure générale de la côte ; disposition et nature des récifs qui y sont situés.

DANS ses traversées de l'Europe aux Antilles, les bâtimens sont ordinairement transportés de l'Est vers l'Ouest de 4° ou 6° en longitude, par l'effet du courant général qui règne entre les tropiques. Ainsi, lorsque dans ces traversées on est dépourvu de montres marines, ou qu'on a navigué quelque temps sans pouvoir rectifier sa longitude par des observations astronomiques, il est nécessaire de se tenir en garde contre les erreurs qui peuvent exister dans la route estimée, et qui offrent d'autant plus de dangers, qu'elles sont de nature à faire supposer la position du bâtiment à une grande distance, dans l'Est, du lieu où l'on va, lorsqu'au contraire on pourrait être sur le point d'atteindre son méridien. Plusieurs marins paraissent avoir ignoré quelles sont les erreurs auxquelles on est exposé en naviguant sur l'estime entre les tropiques, ou n'ont pas assez craint les conséquences qui pouvaient en résulter ; car il s'est perdu, dans l'espace de quelques années seulement, une douzaine de bâtimens de commerce sur les récifs de la côte orientale de la Martinique; et, comme ces naufrages ont eu lieu par de beaux temps et dans la nuit, on ne peut les attribuer qu'à la sécurité avec laquelle on a laissé courir sur cette ile, dans la persuasion qu'on en était encore fort éloigné.

Ces événemens fâcheux prouvent le danger qu'il y aurait de se fier entièrement à une longitude estimée, en approchant des Antilles; mais ils ne sont nullement à redouter, quelle que soit d'ailleurs l'incertitude qu'on ait sur sa position, lorsqu'on agit avec prudence et qu'on vient prendre connaissance de l'une quelconque de ces îles avec les précautions ordinaires.

La Martinique particulièrement n'offre aucune difficulté pour l'attérage. Ses terres élevées peuvent se voir, à la distance d'une quinzaine de lieues, dans un temps clair, et les récifs situés sur son contour ne s'en éloignent guère que de cinq milles, dans sa partie orientale où ils s'étendent le plus au large. Elle présente en outre un aspect à l'aide duquel sa reconnaissance n'a rien d'équivoque. On aperçoit, dans l'intérieur de cette île, trois montagnes de formes différentes et d'une grande élévation, liées entre elles par une chaîne de mornes qui se prolongent du Nord-Ouest au Sud-Est dans le sens de sa longueur. La première, ou la montagne

Montagne Pelée.

Pelée, élevée de 1351 mètres, occupe la partie septentrionale de l'île : sa cime, vue de loin, paraît arrondie, et n'est surmontée d'aucun point saillant qui soit bien remarquable; elle se compose de quatre sommités se confondant les unes avec les autres, lorsqu'on les regarde de la mer. Ces sommités sont groupées autour d'un ancien cratère qui a peu de profondeur actuellement, et qui est remplacé par un étang qu'alimentent sans cesse les nuages dont la montagne est enveloppée vers sa partie supérieure.

Pitons du Carbet.

Les pitons du Carbet, dont l'ensemble forme la seconde montagne, sont situés, vers le milieu de l'île, entre Saint-Pierre et le Fort-Royal; c'est un groupe de mornes qui s'élèvent en forme de cônes, et dont les pentes sont tellement rapides que, jusqu'à ce jour, on les a regardées comme inaccessibles. Le plus haut d'entre eux est élevé de 1207 mètres au-dessus du niveau de la mer; il oppose au passage des nuages bien moins d'obstacles que la montagne Pelée qui occupe un espace considérable; aussi paraît-il plus souvent à découvert. Il ne s'offre cependant pas assez fréquemment à la vue du navigateur, pour pouvoir servir de point de reconnaissance quand on veut attérir. On préfère, par cette raison, de reconnaître l'île vers sa partie méridionale, à l'aide de la montagne du Vauclin, sur laquelle les nuages se fixent rarement ou ne s'arrêtent que bien peu de temps. Cette montagne, dont l'élévation au-dessus du niveau de la mer est de 505 mètres, se présente sous la forme d'un cône légèrement tronqué, reposant sur une chaîne non interrompue de mornes, qui se lie vers le Nord-Ouest aux pitons du Carbet, et se divise, vers le Sud, en deux branches dont l'une vient se terminer insensiblement à la pointe des Salines, et l'autre se joint aux mornes escarpés qui dominent la baie du Fort-Royal et la grande anse du Diamant.

Montagne du Vauclin.

C'est sur le parallèle du Vauclin que se dirigent, aux approches de la Martinique, les bâtimens de l'État qui viennent d'Europe, et dont la destination est pour le Fort-Royal. Une fois assuré de sa position par l'aspect remarquable de cette montagne, on se porte vers l'extrémité méridionale de l'île, et l'on range, à la distance d'un demi-mille dans le Sud, l'îlet à Cabrit, qui est détaché de la pointe des Salines. On gouverne ensuite en ligne directe, vers le Diamant, rocher isolé dont l'élévation au-dessus du niveau de la mer est de 175 mètres, et qui est situé à un mille dans le Sud-Est du morne conique du Diamant qu'on distingue de très-loin. On peut passer à terre et au large de ce rocher aussi près qu'on le veut : lorsqu'on l'a atteint, on serre le vent, et l'on s'écarte le moins possible de la côte qui est très-saine, afin d'arriver à l'ouverture de la baie du Fort-Royal, à peu de distance du cap Salomon. On louvoie ensuite, à grands bords, pour gagner le mouillage des Flamands, sous la ville du Fort-Royal.

Après avoir dépassé le Diamant, et avant d'arriver à l'ouverture de la baie du Fort-Royal, il faut naviguer sous une voilure aisée, et se tenir continuellement en garde contre les rafales violentes par lesquelles on peut être surpris en passant près des gorges profondes qui existent dans cette partie de l'île. Ces rafales sont d'autant plus dangereuses, qu'elles succèdent subitement aux calmes qu'on éprouve à l'abri des mornes qui bordent la côte.

Si l'on attaque la Martinique par le Nord, pour se rendre à Saint-Pierre, il faut se mettre en latitude du canal de la Dominique pour attérir. On gouverne, après avoir reconnu la terre, vers la pointe du Macouba, et l'on prolonge la côte d'aussi près qu'on le veut pour gagner la Perle, rocher extrêmement accore, à terre duquel on peut passer; mais il vaut mieux passer dans l'Ouest. On se dirige de là vers la pointe Lamarre en allant au plus près, afin de gagner à la bordée, s'il est possible, le mouillage de la rade.

La côte occidentale étant parfaitement saine entre la baie du Fort-Royal et Saint-Pierre, on n'éprouve aucune difficulté pour parvenir à l'un quelconque de ces lieux, en arrivant, soit par le Nord, soit par le Sud de l'île. Dans l'une ou l'autre de ces circonstances, il est nécessaire, pour gagner le mouillage aussi promptement que possible, de prolonger la côte à peu de distance, et de se défier, dans cette navigation sous la terre, des rafales auxquelles on est exposé, en passant devant les ravines étroites et profondes qui aboutissent à la côte, depuis la baie du Fort-Royal jusqu'à la Perle.

Outre les mouillages de la rade de Saint-Pierre et de la baie du Fort-Royal, la Martinique en offre beaucoup d'autres où l'on peut parvenir avec facilité, et dont nous parlerons en décrivant successivement les diverses parties de l'île : mais auparavant nous allons faire connaître la structure de la côte, ainsi que la disposition et la nature des récifs qui y sont situés.

Si l'on part du morne du Diamant pour faire le tour de l'île en passant par le canal de la Dominique et revenant par celui de Sainte-Lucie, on suit jusqu'à la Perle, et de là jusqu'aux environs de la Trinité, une côte élevée et saine, près de laquelle il est difficile de mouiller à raison des grandes profondeurs d'eau qui règnent à peu de distance du rivage. La baie du Fort-Royal doit seule être exceptée ; elle renferme des mouillages et des passes resserrées entre des bancs d'une étendue considérable, et les côtes qui l'entourent ont généralement peu d'élévation. Les hauts fonds ne commencent, au vent de l'île, que dans les environs du havre de la Trinité ; ils forment devant ce havre une chaîne qu'on distingue à la couleur blanchâtre de l'eau, et sur laquelle existent plusieurs points dangereux où la mer brise quand le vent vient à fraîchir. Cette chaîne s'étend dans la direction de l'Ouest-Nord-Ouest à l'Est-Sud-Est, jusqu'à l'extrémité de la presqu'île de la Caravelle, et laisse un passage profond entre le rocher de ce nom et la presqu'île.

A partir de ce passage, on côtoie la partie orientale de la presqu'île de la Caravelle, et l'on arrive à l'ouverture de la baie du Galion ; il n'y a dans cet espace aucun danger qui s'éloigne à plus d'une encablure du rivage, et la côte montre successivement des falaises verticales et des anfractuosités où la mer s'engouffre avec violence et produit, par son choc contre les escarpemens, des détonations qu'on entend de fort loin.

A l'endroit où la côte orientale de la presqu'île se détourne tout-à-coup pour se diriger vers le fond de la baie du Galion, on aperçoit une pointe remarquable, qui porte le nom de *Caracoli*. Cette pointe, dont l'élévation au-dessus du niveau de la mer est de 93 mètres, a pour sommet un rocher nu et escarpé qu'on distingue facilement à une grande distance : ce rocher est soutenu par un terrain en talus, au pied duquel on voit un plateau de roches basses, qui s'avance d'une encablure à la mer. On trouve, près de ces roches, une passe que nous avons appelée *Caracoli*, et qu'il faut suivre de préférence à toute autre, pour se rendre dans la baie du Galion, ainsi que dans les havres du Robert, du François et autres, compris entre ces derniers et le Vauclin.

Pointe Caracoli.

Chaîne de récifs qui règne au large de la côte orientale.

Il existe, au large de ces divers mouillages, une longue chaîne de récifs qui semble, au premier coup d'œil, devoir interdire l'approche de la côte; mais, en la considérant de plus près, on s'assure bientôt qu'elle ne peut apporter que de légers obstacles à la navigation, et qu'elle a le grand avantage, en brisant les efforts de la mer, de procurer des ports où les bâtimens peuvent trouver des abris sûrs dans toutes les saisons. Cette chaîne s'étend du Nord-Nord-Ouest au Sud-Sud-Est, dans une direction à-peu-près rectiligne, marquée par des récifs dont plusieurs sont à fleur d'eau. Elle commence dans le Nord, au chenal de Caracoli, qui est profond et facile à suivre avec les plus grands bâtimens. A partir de cette extrémité septentrionale, elle forme un enchaînement non interrompu d'aspérités dangereuses, jusqu'au-delà de la caye Mitan, située entre le Robert et le François; sa surface devient ensuite moins inégale, s'abaisse et laisse, dans le Nord-Est de l'îlet Thierry, une interruption ou passe qu'on peut fréquenter avec presque autant de sécurité que celle de Caracoli, pour parvenir dans le chenal intérieur par lequel on communique avec les entrées particulières à chacun des mouillages ci-dessus désignés. Au Sud de cette passe, les bancs continuent à régner parallèlement à la côte; ils se rattachent d'abord à la grande caye Pinsonnelle, puis à celles du Sans-Souci, et enfin à celles de Pariadis, près desquelles on trouve leur extrémité méridionale et un petit chenal pour aller au Vauclin.

Nous n'entrerons pas ici dans de plus grands détails sur ce qui intéresse la navigation de cette partie de l'île, puisque nous devons revenir sur ce sujet, et le traiter d'une manière spéciale, en faisant la description des côtes de la Martinique. Nous ferons seulement connaître des particularités curieuses et importantes, qui tiennent à la nature des récifs dont nous venons de parler, et qui s'appliquent à tous ceux que nous avons remarqués sur les différens points de ces côtes.

Nature des récifs que l'on remarque sur les côtes de la Martinique.

Ces récifs doivent leur existence à des madrépores, et sont dès-lors susceptibles d'éprouver les changemens auxquels on sait que donnent lieu les excroissances madréporiques; ils s'élèvent quelquefois jusqu'au niveau de la mer, et y forment ordinairement des brisans qui occupent des espaces assez considérables; tels sont ceux auxquels on donne le nom de *cayes* dans les Antilles, comme caye Mitan, caye Pinsonnelle, &c.

Ces excroissances proviennent d'une espèce de végétation calcaire dont on peut observer les progrès rapides, principalement sur la côte orientale et dans quelques endroits de la baie du Fort-Royal, où les fours à chaux sont alimentés par des fragmens de coraux que les nègres détachent des hauts-fonds lorsqu'ils viennent à fleur d'eau, et qui se reproduisent dans un temps assez court, mais dont il nous est impossible d'assigner la durée.

Interruptions entre les récifs, formées à l'entrée des havres et des baies par les torrens qui s'y jettent.

A l'entrée des havres et des baies, ces bancs de coraux présentent presque toujours une solution de continuité qu'il faut attribuer aux torrens et aux petites rivières qui viennent se jeter dans les principaux enfoncemens de la côte. En effet, on remarque généralement entre les récifs, sur la direction des courans d'eau douce, des interruptions formées et entretenues probablement par ces courans, et l'on conçoit que ces interruptions devront exister tant qu'on laissera subsister la cause qui les produit. On en tire cette conséquence, qu'il est nécessaire de ne point changer le cours des rivières, surtout près de la côte, si l'on veut conserver les mouillages et les passes qui y conduisent.

Nécessité de ne point changer le cours des rivières, pour conserver les mouillages et les passes.

Depuis la presqu'île de la Caravelle jusqu'au Vauclin, la côte est enveloppée de deux ceintures de récifs entre lesquelles naviguent, avec sécurité et dans une mer tranquille, les bâtimens destinés à établir les communications de la partie orientale de l'île avec Saint-Pierre et le Fort-Royal. Après avoir dépassé le Vauclin dans le Sud, la ceinture qui régnait au large n'existe plus, et celle qui est adhérente à la côte diminue de plus en plus de largeur, à mesure qu'on approche de la pointe des Salines; de sorte qu'à cette pointe les brisans deviennent contigus au rivage, ou ne s'en écartent qu'à de très-petites distances. Entre le Vauclin et la pointe des Salines, on ne trouve dans les récifs que trois coupures étroites et sinueuses que les plus petits bâtimens ne peuvent fréquenter qu'avec beaucoup de difficulté. La première est située devant le cul-de-sac Ferré, entre le cap Macré et le cap Ferré; la seconde près de l'îlet Lézard, et la troisième devant le cul-de-sac des Anglais, entre des ilets de formation calcaire, qu'on aperçoit près de la pointe Baham.

En dehors des récifs dont nous venons de parler, le fond est d'une blancheur très-remarquable; on le voit, quand il fait calme, jusqu'à quatre-vingt-dix et cent pieds de profondeur; et, par neuf brasses, il paraît avec tant de netteté, qu'on est trompé sur le brassiage au point de le croire dangereux pour un bâtiment d'un grand tirant d'eau. Fonds blancs.

Ces fonds blancs sont de nature madréporique et s'étendent jusqu'à la côte. Ils entourent la pointe des Salines où leur blancheur se fait remarquer plus que partout ailleurs, et continuent à régner jusqu'au morne du Diamant, sans autres interruptions que celles qu'y opèrent les courans d'eau douce venant du cul-de-sac Marin, de la rivière Pilote, des trois rivières, du Céron et du Marigot du Diamant. Ils sont couverts, dans tout cet espace, d'une faible quantité d'eau et parsemés d'un grand nombre d'aspérités, dont quelques-unes sont isolées et d'autres réunies de manière à former des bancs qui s'élèvent dans plusieurs endroits jusqu'au niveau de la mer. La limite de ces fonds est facile à distinguer; elle ne s'éloigne pas à plus d'un mille du rivage : dès qu'on s'en écarte au Sud, on passe subitement d'un petit brassiage à une profondeur d'eau considérable, et à quelques encablures de plus au large, la sonde rapporte plus de cent brasses.

D'après ce qui précède, on voit que le contour de la Martinique peut se diviser en deux parties bien distinctes: l'une qui est entièrement dégagée de récifs, si l'on excepte la baie du Fort-Royal, et qui s'étend depuis le morne du Diamant jusqu'à la Perle, et depuis ce rocher jusqu'aux approches de la Trinité ; l'autre au contraire qui en est enveloppée presque partout, et qui s'étend depuis le havre de la Trinité jusqu'à la pointe des Salines, et depuis cette pointe jusqu'au morne du Diamant. Ces deux parties se font remarquer par des différences aussi sensibles sous le rapport de l'aspect général qu'elles présentent. Dans la première, les chaînons de montagnes ont des pentes rapides jusqu'aux approches du rivage, et s'y terminent par de grands escarpemens taillés à pic; dans l'autre, les chaînons partent de mornes moins élevés et plus éloignés du rivage; leurs croupes arrondies s'élargissent en avançant du côté de la mer; vers quelques-uns des enfoncemens de la côte, elles viennent se confondre, par des pentes douces, avec des plaines de peu d'étendue, qui ne sont élevées que d'un petit nombre de pieds au-dessus du niveau de la mer : dans d'autres endroits, elles se terminent par des pointes généralement basses et peu escarpées.

CHAPITRE IV.

Description de la baie du Fort-Royal.

La baie du Fort-Royal, par sa position sur la côte occidentale de la Martinique, est à l'abri des vents régnant pendant la durée entière de la saison sèche. Ses divers mouillages offrent donc tous le même degré de sûreté durant cette partie de l'année, et l'on n'a d'autres motifs pour préférer celui où l'on veut jeter l'ancre, que le plus ou moins de facilité avec lequel on peut y parvenir et en sortir, ainsi que la proximité des lieux avec lesquels on a besoin de communiquer. Il n'en est pas de même dans l'hivernage, où des sautes de vents et des révolutions soudaines dans l'atmosphère sont à craindre; on doit alors renoncer à l'avantage d'être placé favorablement pour l'appareillage, et venir chercher contre les accidens auxquels on est exposé dans cette saison un refuge aussi assuré qu'il soit possible de le trouver dans les lieux les mieux fermés par les terres environnantes. Nous indiquerons tout-à-l'heure, parmi ces mouillages, ceux où l'on peut stationner avec le plus de sécurité, et les moyens qu'il faut employer pour y parvenir.

La baie du Fort-Royal a près de cinq milles et demi d'ouverture entre la pointe des Nègres et le cap Salomon, que nous regarderons comme ses limites occidentales. Elle se rétrécit à mesure qu'on avance vers le milieu de sa longueur, se réduit à deux milles de large, et conserve à-peu-près cette largeur moyenne entre les contours qui terminent son bassin dans l'Est, le Sud et l'Ouest. Sa plus grande profondeur est de près de sept milles dans la direction Est-Sud-Est et Ouest-Nord-Ouest. Cette grande nappe d'eau recèle dans son enceinte une multitude de bancs de gravier et de corail, qui l'encombrent et diminuent de beaucoup sa partie navigable. Ces bancs produisent, dans la couleur de la mer, un changement qui les fait reconnaître et facilite ainsi la navigation dans les passes auxquelles ils servent de limites. Ils sont généralement très-accores, et leurs contours se dessinent par des courbes extrêmement sinueuses et irrégulières.

C'est sur la côte Nord de la baie, à $1^{mil},2$ dans l'Est-Nord-Est de la pointe des Nègres, qu'est située la ville du Fort-Royal, capitale de l'île et siége du gouvernement de la colonie. Cette ville, dont la population est d'environ quatre mille ames, sans y comprendre la garnison du fort Bourbon, est bâtie sur un terrain bas et uni, formé vraisemblablement par les alluvions de la rivière Madame, qui la limite dans l'Ouest. Elle est bordée, au Sud, par la mer; à l'Est, par le port du Carénage, et, dans le Nord, par un canal qui sert à établir les communications entre le carénage, les magasins du port et la rivière Madame. Ses rues sont droites et se coupent presque partout dans des directions perpendiculaires; à son extrémité orientale, près du carénage, on voit une belle place d'armes, appelée *la Savanne*, qui forme le glacis du fort Saint-Louis, et n'est élevée, comme tout le sol de la ville, que de trois ou quatre pieds au-dessus du niveau de la mer.

Fort Saint-Louis.

Le fort Saint-Louis est construit sur une presqu'île terminée de tous côtés par des escarpemens taillés à pic et d'une hauteur assez considérable, surtout dans sa partie occidentale. Cette presqu'île s'étend à six cent quarante mètres dans le Sud de la Savanne, et sépare le port du carénage du mouillage des Flamands, qui est situé entre la ville et la pointe des Nègres. Elle n'est accessible, du côté de la terre, que par un isthme étroit qui la joint à la Savanne ; du côté de la mer, elle se trouve défendue par une batture de gravier et de roches madréporiques, qui se prolonge vers le Sud et le Sud-Ouest à environ un demi-mille.

C'est au mât de pavillon du fort Saint-Louis que nous avons rapporté, par leurs distances à la méridienne et à la perpendiculaire, les différens sommets du réseau trigonométrique auquel nous avons rattaché l'ensemble de toutes nos opérations.

On parvient aisément à se procurer, au Fort-Royal, les divers rafraîchissemens dont l'île abonde ; ils consistent en œufs, moutons, volailles, bœufs, cochons, et poissons de beaucoup d'espèces, au nombre desquels les plus estimés sont le tazard et la carangue ; en plantes farineuses et potagères, telles que la banane, la figue banane, la patate, le manioc, le giraumont, l'igname, le choux caraïbe, les pois d'angole, &c. En fait de fruits, le sol produit tous ceux de la zône torride ; les meilleurs sont l'ananas, la sapotille, l'avocat, la pomme liane, la pomme cannelle, les oranges douces et amères, le mango, &c. Tous ces vivres viennent des environs du Fort-Royal, mais principalement des paroisses du Lamentin et de la rivière Salée, avec lesquelles on communique par des rivières qui débouchent dans le fond de la baie, et qui sont navigables pour des pirogues et des gros-bois, bateaux du pays destinés à transporter les sucres des habitations. Rafraîchissemens.

Les bâtimens mouillés, soit dans la rade des Flamands, soit dans le carénage, prennent ordinairement leur eau à une Aiguades.

fontaine placée au fond de ce dernier port et à l'entrée du canal qui entoure les magasins de la marine. Le mauvais goût de cette eau et son peu de limpidité la font considérer avec raison comme nuisible à la santé des équipages : aussi, parmi les commandans des bâtimens de l'État en station dans la baie du Fort-Royal, en est-il un grand nombre qui prennent le parti d'expédier des embarcations pour la faire dans la rivière de Case-Navire, malgré l'éloignement où ils sont de cette aiguade, située à 1^{mil},2 dans le Nord 33° Ouest de la pointe des Nègres. Cette rivière traverse, avant de se jeter à la mer, une grève de sable gris et de galets où se fait toujours sentir un peu de ressac. Cet inconvénient empêche les canots d'accoster le rivage, et augmente beaucoup, par là, les difficultés qu'entraîne l'embarquement des barriques.

On pourrait encore aller chercher l'eau à une retenue faite dans la rivière Madame, au-dessus de l'habitation Sainville ; mais, comme le transport des tonneaux ne se ferait pas avec moins de peine qu'à l'aiguade précédente, il serait à desirer, dans l'intérêt des habitans et des marins, que le gouvernement fît construire un canal de dérivation, destiné à prendre l'eau d'une des rivières qui avoisinent la ville, à un endroit élevé, où elle n'est chargée d'aucune matière organique qui puisse la rendre insalubre, pour la conduire dans les lieux les plus propres à faciliter l'approvisionnement des bâtimens.

Mouillage des Flamands.

Le mouillage des Flamands a pour limite, dans le Nord, à partir de la pointe des Nègres, une côte de moyenne élévation, dont les falaises, presque à pic, finissent avant d'arriver à la rivière Madame, près d'une petite jetée construite, pour le service des embarcations, sous l'ancienne résidence du gouverneur au morne Tartanson. Plus à l'Est, on trouve jusqu'à la presqu'île du fort Saint-Louis, et dans l'emplacement de la ville de Fort-Royal, un sol composé de sable gris, qui se termine par une jolie plage où l'on débarque avec la plus grande facilité en tout temps, et sur laquelle s'échouent les pirogues et les bateaux du pays.

Le mouillage qui nous occupe s'étend dans l'Ouest jusqu'au banc de la Vierge, situé à six encâblures dans le Sud-Sud-Est de la pointe des Nègres : il est borné, au Sud, par le banc Mitan, et plus près du fort Saint-Louis, par les hauts-fonds de ce fort, dont l'extrémité occidentale est marquée par un coffre mouillé à six encâblures, dans le Sud 35° Ouest du mât de pavillon, par 19 pieds. A partir de cette extrémité, le brassiage de ces hauts-fonds diminue de plus en plus, en approchant de la presqu'île du Fort, et se réduit à 8 ou 9 pieds sur leur partie la plus élevée.

Depuis le banc de la Vierge jusqu'au Sud de l'église du Fort-Royal, le fond monte graduellement de 154 à 41 pieds de brassiage sur toute la ligne où l'on relève le mât de pavillon du fort Saint-Louis au Nord 54° Est. Cette ligne indique l'emplacement le plus avantageux pour jeter l'ancre. Si l'on s'en écarte, soit dans le Nord, soit dans le Sud, on trouve de distance en distance des bancs de roches madréporiques qui ne sont pas moins dangereux pour le mouillage que ceux que nous venons de désigner, à cause des aspérités saillantes qu'ils présentent : quelques-uns d'entre eux s'élèvent brusquement d'une cinquantaine de pieds au-dessus des fonds de vase dont ils sont entourés.

C'est sur le gisement précédent donné relativement au mât de pavillon du fort Saint-Louis, et à-peu-près dans le Sud $\frac{1}{4}$ Sud-Ouest de la rivière Madame, par 90 et 110 pieds d'eau, que se placent ordinairement les bâtimens de l'État :

ceux du commerce se rapprochent davantage du fort et de la Savanne.

Banc Mitan.

On peut, à la rigueur, mouiller sur le banc Mitan, dont la longueur de l'Est à l'Ouest est d'un demi-mille et la largeur moyenne de trois encâblures; mais il ne faut le faire que sur la partie centrale de ce haut-fond, où le brassiage est de 8 à 9 brasses, attendu que c'est celle qui offre le moins d'inégalités et qui dès-lors peut le moins endommager les ancres et les câbles. En mouillant trop près des accores du banc, on exposerait les câbles à se couper et les ancres à s'engager dans les crevasses qui existent ordinairement dans les endroits où se terminent les hauts-fonds de roches madréporiques. Au surplus, nous conseillons, pour plus de sécurité, de ne jeter l'ancre sur le banc Mitan qu'autant qu'on se trouvera muni d'une chaîne en fer.

La sommité de ce banc est couverte de vingt-quatre pieds d'eau et située à un mille dans le Sud 36° Ouest de l'extrémité méridionale du fort Saint-Louis.

Banc de la Vierge.

Nous ne sommes pas certains que le banc de la Vierge soit de nature madréporique. Dans beaucoup d'endroits de sa surface, nous avons trouvé des excroissances madréporiques; mais, dans d'autres, et particulièrement vers ses accores, les lances sont tombées sur des roches dures, et n'ont rapporté aucune trace du fond. Le sommet de ce banc est couvert de 51 pieds d'eau.

Avec les vents de l'Est à l'Est-Nord-Est, qui règnent presque toujours à la Martinique, on ne peut gagner le mouillage des Flamands qu'après plusieurs bordées; mais le louvoyage ne présente aucune difficulté : car il n'existe, à l'entrée de la baie du Fort-Royal, qu'un seul haut-fond dangereux, pour les vaisseaux seulement : c'est le banc du Gros-Ilet, sur le sommet duquel nous avons trouvé 21 pieds d'eau. Ce banc est situé à $1^{mil},7$ dans le Nord de l'Ilet-à-Ramiers, et, à peu de chose près, à la même distance de la pointe des Nègres. Il fait partie d'un haut-fond appelé le *Fond-Blanc de l'Ilet-à-Ramiers*, qui s'étend jusqu'à la côte méridionale de la baie, mais sur lequel on peut naviguer avec sécurité, malgré l'apparence d'un faible brassiage, causée par le changement produit dans la couleur de la mer.

La grande fixité des vents, dans la partie de l'Est, rend le mouillage des Flamands parfaitement sûr, de novembre à juillet. Ce n'est que pendant les mois d'août, septembre et octobre qu'il faut le quitter pour se réfugier dans celui du Carénage ou dans ceux des Trois-Ilets et du Cohé du Lamentin, que nous décrirons tout-à-l'heure, en parlant successivement de toutes les parties de la baie du Fort-Royal.

Port du Carénage.

Le port du Carénage, par sa position dans l'Est du fort Saint-Louis, est à l'abri des vents qui compromettraient la sûreté des bâtimens dans la rade des Flamands. Il est placé dans une petite baie de $0^{mil},4$ d'ouverture, qui est bornée, dans l'Ouest, par la presqu'île du fort Saint-Louis, et dans l'Est par le morne de la Carrière. Une pointe de peu d'élévation divise cette baie, près des établissemens de la marine, en deux parties, dont l'une communique avec le canal qui entoure la ville, et l'autre, qui est la plus spacieuse, est encombrée presque entièrement de bancs de gravier et de roches madréporiques. C'est entre l'embouchure du canal, dans le Nord, et l'extrémité méridionale du fort Saint-Louis, dans le Sud, que s'étend le port du Carénage: sa largeur n'est guère que d'une encâblure, à son entrée, et diminue graduellement à mesure qu'on pénètre dans l'intérieur; de sorte que les bâtimens qui y viennent stationner, et dont le nombre est souvent très-grand, n'ont pas l'espace nécessaire pour éviter, et sont obligés, pour conserver leur position respective, de s'amarrer à des ancres placées à poste fixe, au pied des murs du fort.

Mollesse des bancs de coraux, quand ils sont submergés.

Les bancs de coraux qui limitent le Carénage, dans l'Est, offrent la singularité de ne point avoir sous l'eau la consistance dure qui leur est particulière quand ils sont exposés à l'air. Leur état de mollesse, quand ils sont submergés, permet de les enlever par fragmens et d'augmenter ainsi peu à peu l'étendue du port. On a employé dans ce but, sous l'administration bienfaisante de M. le comte Donzelot, des machines à curer, mises en mouvement par des nègres, et dont nous avons eu l'occasion de remarquer les heureux effets avant de quitter la Martinique, quoique leur force ne fût pas à beaucoup près aussi considérable que celle des machines auxquelles on applique la vapeur.

Il existe, à l'ouvert du Carénage, un peu dans le Nord de la ligne qui joint la pointe de la Carrière à l'extrémité du fort Saint-Louis, un banc de corail qui gêne la circulation des bâtimens et rétrécit beaucoup l'espace où l'on peut jeter l'ancre. Ce banc, situé dans l'Est de la caserne du Fort, a près d'une encâblure et demie de longueur, dans le sens du Nord-Nord-Ouest au Sud-Sud-Est, et sa sommité n'est couverte que de 8 à 9 pieds d'eau. Sa partie septentrionale est marquée par un coffre sur lequel on porte des amarres pour faciliter les appareillages.

Chenal du Carénage.

Le chenal du Carénage est resserré entre des bancs de gravier et de roches madréporiques qui se prolongent, d'un côté, dans le Sud du fort Saint-Louis, à quatre encâblures, et, de l'autre, dans le Sud-Sud-Ouest de la pointe de la Carrière, à trois encâblures. Les petits bâtimens y trouvent l'espace nécessaire pour le louvoyage; mais les autres ne doivent s'y engager qu'avec un vent portant. Deux bordées suffisent souvent pour se rendre de la rade des Flamands au Carénage, lorsque les vents soufflent de la partie de l'Est. La première conduit vers une pointe plate, remarquable en ce qu'elle est la plus saillante de toutes celles de la côte méridionale de la baie, et qu'elle présente dans l'Ouest des plages de sable dont la blancheur éclatante contraste d'une manière tranchée avec la verdure sombre des terres environnantes. Cette pointe, qu'on nomme le *Bout*, n'offre à sa surface que des traces légères de végétation : elle s'avance, dans la direction du Nord, à six encâblures de l'isthme par lequel elle tient à la côte du Sud, et se termine par de petits escarpemens au pied desquels la mer brise sur quelques roches à fleur d'eau. On voit une batterie et un corps-de-garde à peu de distance de ces escarpemens.

Pointe du Bout.

La première bordée, dont nous venons de parler, peut être prolongée avec une entière sécurité jusqu'à trois ou quatre encâblures de la pointe du Bout. Dans la seconde, il faudrait se diriger vers le Nord $\frac{1}{2}$ Ouest pour atteindre le Carénage; mais il est convenable d'incliner d'abord la route un peu plus vers l'Ouest, surtout avec un bâtiment d'un grand tirant d'eau, afin d'éviter la partie occidentale du banc appelé la *Grande-Sèche*, qui occupe le milieu de la baie entre la pointe du Bout et celle de la Carrière. On revient ensuite vers le Nord, à mesure qu'on approche du mouillage, et l'on fait route de manière à ranger à peu de distance une bouée mouillée par onze pieds sur la partie occidentale des hauts-fonds qui se rattachent à la pointe de la Carrière.

Banc appelé la *Grande-Sèche*.

Nous conseillons de ne pas traverser la Grande-Sèche, dans la crainte qu'il ne s'y trouve quelques aspérités dangereuses que nous n'aurions pas trouvées en sondant. Il est cependant bien probable que le point le plus élevé de ce banc, vers sa partie occidentale, n'est pas couvert de moins de 20 pieds d'eau : c'est le plus faible brassiage que nous y ayons trouvé.

En allant du Carénage vers l'Est, on n'aperçoit aucun point remarquable sur les collines de forme arrondie et de médiocre élévation qui dominent la baie du Fort-Royal, dans le Nord. Les terres s'abaissent insensiblement vers la mer, et s'y terminent en pentes douces couvertes d'une belle végétation. La pointe de la Grive, située à $0^{mil},9$ de l'entrée du Carénage, fait seule exception à cette structure de la côte; ses escarpemens, dont la hauteur est assez considérable, sont baignés par la mer, comme les falaises rougeâtres de la pointe de la Carrière, et descendent brusquement d'un petit plateau boisé qui se dirige vers le Nord, parallèlement à celui du morne de la Carrière. On trouve encaissée entre ces deux plateaux une vallée fertile et parfaitement cultivée, où serpente la rivière Monsieur, en suivant le pied des pentes du morne de la Carrière. Cette rivière débouche à l'extrémité occidentale d'une anse bordée d'arbres qui commence, dans l'Est, à la pointe de la Grive, et limite du côté de la mer la vallée précédente. Cette anse offre une jolie plage de sable gris; mais les alluvions dont elle est encombrée ne la rendent accessible que pour les pirogues.

Mouillage situé dans le Sud de la rivière Monsieur.

Au sud de l'embouchure de la rivière Monsieur, il existe, dans un enfoncement profond formé par la Grande-Sèche, un mouillage excellent où l'on peut jeter l'ancre par 70 à 80 pieds d'eau sur des fonds de vase argileuse. Ce mouillage est borné, dans le Nord, par les hauts-fonds qui commencent à la pointe de la Carrière, à l'entrée du Carénage, et viennent se rattacher, près de la pointe de la Grive, à ceux de la Grande-Sèche. La route à suivre pour y parvenir ne présente aucune difficulté; on peut la parcourir d'après la seule inspection du plan que nous avons donné de la baie du Fort-Royal.

Si nous continuons de longer le rivage au-delà de la pointe de la Grive, nous le verrons se diriger d'abord vers l'Est, puis se courber peu à peu vers le Sud, et présenter une anse de sable gris semblable à celle de la rivière Monsieur et terminée par une pointe basse et saillante appelée la *pointe de Sable*, qui se prolonge en pente insensible jusqu'à la mer, et, sous l'eau, à six encâblures de terre, dans la direction du Sud 38° Ouest.

Cohé du Lamentin.

Près de la pointe de Sable s'ouvre le Cohé du Lamentin, baie dont la profondeur, dans le sens du Nord-Nord-Est au Sud-Sud-Ouest, est de $1^{mil},6$; la plus grande largeur, dans le sens perpendiculaire à ce gisement, de $1^{mil},5$, et l'ouverture de $0^{mil},7$. Les rivages qui forment sa limite occidentale, suivent, à partir de la pointe précédente, la direction du Nord-Nord-Ouest, jusqu'aux approches d'une petite rivière appelée *Jambette*, dont l'embouchure est obstruée par des dépôts vaseux sur lesquels sont épars quelques bouquets de mangliers; ils courent de là vers l'Est, puis vers le Nord-Est, et ne présentent dans ce développement de leurs contours que des escarpemens à peine sensibles et des pentes bien boisées. On trouve ensuite des terrains marécageux et couverts de palétuviers qui dessinent vaguement l'enceinte de la baie dans ses autres parties. La rivière du Lamentin serpente sur ces terres noyées et vient répandre ses eaux vaseuses dans le fond du Cohé, à travers des mangliers et autres plantes aquatiques qui cachent son embouchure de manière à la rendre fort difficile à reconnaître, lors même qu'on est sur le point d'y entrer.

A 0^{mil}, 2, dans le Sud-Sud-Ouest de cette embouchure, est située la pointe du Milh, remarquable par une belle habitation construite sur son point le plus haut, et par son élévation au-dessus des marais qui la lient à la plaine du Lamentin, dans l'Est, et la rendent inaccessible de ce côté.

Depuis cette pointe jusqu'au morne Rouge, situé à l'extrémité orientale du Cohé, dans l'Est $\frac{1}{4}$ Sud-Est de la pointe de Sable, les mangliers et les palétuviers contigus au bord de la mer décrivent une courbe demi-circulaire, coupée de distance en distance par des canaux pratiqués pour parvenir à plusieurs habitations avec les pirogues et les gros-bois.

Morne rouge. Le morne Rouge est placé de la même manière que la pointe du Milh, par rapport aux marécages de la plaine du Lamentin; mais sa hauteur au-dessus du niveau de la mer est beaucoup plus considérable. Sa partie supérieure est revêtue d'une couche légère de terre végétale, où des nègres cultivent les plantes propres à leur nourriture. On y remarque une maison qui se voit, d'une manière très-apparente, de l'entrée de la baie du Fort-Royal, et divers établissemens composant la poterie de M. de Chazelles, l'une des plus importantes de l'île. Une petite anse, formée par les contours de ce morne, dans l'Ouest, est le lieu où l'on y débarque avec le plus de facilité.

Plusieurs bancs de gravier et de roches madréporiques occupent un espace considérable dans le Cohé du Lamentin: le plus grand tient à la pointe du Milh, et se projette vers l'Ouest-Sud-Ouest, à 4 encâblures, divisant ainsi la baie en deux parties, où l'on peut mouiller sur des fonds de vase d'une excellente tenue. La première est comprise entre le banc du Milh et le morne Rouge; la sonde y rapporte 6, 7 et 8 brasses d'eau : la seconde, située dans le Nord de ce banc, s'étend jusqu'aux environs de l'embouchure de la rivière du Lamentin, et le brassiage y décroît graduellement depuis 33 pieds jusqu'à 10. Le mouillage serait également bon, en approchant de la pointe de Sable et du morne Rouge; mais le lieu où l'on peut jeter l'ancre avec le plus de sécurité, comme étant le mieux fermé par les terres environnantes, se trouve dans l'enfoncement correspondant à l'embouchure de la rivière Jambette et dans le Nord $\frac{1}{4}$ Nord-Est de la pointe de Sable. Le brassiage y est de 26 pieds.

Nous avons découvert, à l'ouverture du Cohé, plusieurs pics de roches madréporiques qui s'élèvent au milieu des fonds de vase et n'ont qu'une très-petite étendue. L'un d'eux, situé dans l'Ouest 25° Nord de l'extrémité septentrionale du morne Rouge, n'est couvert que de 10 pieds d'eau, et l'on passe subitement de son sommet sur les fonds de vase par 8 brasses. Il en est de même d'un second, sur lequel on trouve 19 pieds dans le Sud 51° Est de la pointe de Sable, à deux encâblures, et de deux autres presque contigus l'un à l'autre, et situés au milieu de la ligne qui joint le morne Rouge à la pointe de Sable. Le brassiage sur ces derniers est de 21 et de 24 pieds; à côté, la sonde rapporte de 9 à 10 brasses d'eau, fond de vase.

Passe du Cohé.

Pour venir au Cohé du Lamentin, il faudrait d'abord suivre la passe des Trois-Ilets, dont nous parlerons plus loin, jusqu'à ce qu'on fût parvenu dans le Nord 50° Est de la pointe du Bout, à environ 8 encâblures; et, de cette position, qui est au point de communication de la passe des Trois-Ilets avec celle du Cohé, on ferait route au Nord-Nord-Est pour gagner le mouillage. Ainsi, la direction à suivre est presque diamétralement opposée à celle des vents généralement régnans. D'un autre côté, la passe du Cohé n'a guère que deux encâblures de large, entre les bancs de roches madréporiques qui la limitent à son point de jonction avec celle des Trois-Ilets, et ne s'élargit pas ensuite d'une manière assez sensible pour faciliter beaucoup le louvoyage. Il résulte de tous ces inconvéniens qu'il serait difficile de la parcourir, avec des bâtimens d'un grand tirant d'eau, autrement qu'à la touée.

Cette passe est bornée, dans l'Ouest, par deux bancs voisins l'un de l'autre, ainsi que de la Grande-Sèche dont ils sont détachés, et par les hauts-fonds qui forment le prolongement de la pointe de Sable : dans l'Est, elle a pour limite un grand banc de gravier et de roches madréporiques, couvert d'une très-petite quantité d'eau sur toute son étendue, et qui présente, près de ses bords, quelques sommités à fleur d'eau, au nombre desquelles la plus remarquable est la caye du Cohé, située à deux encâblures du morne Rouge, dans l'Ouest 13° Sud de l'habitation Chazelles. Ces sommités et le changement produit par les bancs dans la couleur de l'eau font reconnaître distinctement la passe, pour peu qu'on soit élevé au-dessus du niveau de la mer.

Pour sortir du Cohé, les vents qui règnent permettant de faire route directement, on n'a à vaincre aucune des difficultés qu'on éprouve pour y entrer.

Après les mouillages que nous venons de décrire, celui des Trois-Ilets doit fixer notre attention comme l'un des plus importans de la baie du Fort-Royal. La position de ce mouillage est facile à reconnaître de loin, d'après l'aspect des terres environnantes, et particulièrement d'une petite île

Gros-Ilet. appelée *le Gros-Ilet,* qui est située à un demi-mille de la côte méridionale de la baie et dans le Sud du morne Rouge, à 2^{mil},1. Cette île se compose de deux parties bien distinctes; la première, ou celle de l'Ouest, offre un sommet arrondi et descend en pentes douces jusqu'à la mer; la seconde, au contraire, s'élève brusquement à 64 mètres au-dessus du niveau de la mer, et se termine, à cette hauteur, par un petit plateau rocailleux où l'on remarque, pour tout indice de végétation, quelques légers arbustes et une herbe courte et desséchée la plupart du temps par le soleil.

C'est vis-à-vis cet îlet que viennent finir les terres Noyées, qui, après avoir formé une ceinture plus ou moins large autour de la partie orientale du Cohé, continuent à s'étendre jusqu'à la côte méridionale de la baie. Ces terrains, couverts de mangliers et de palétuviers, sont sillonnés en divers endroits par des canaux conduisant à des habitations de la plaine du Lamentin et par plusieurs rivières entre lesquelles on distingue celle du Lézard et la rivière Salée, comme les plus importantes sous le rapport des facilités qu'elles procurent pour communiquer des différentes parties de la baie avec plusieurs des paroisses situées dans l'intérieur de l'île.

Rivière du Lézard.

La rivière du Lézard a son embouchure à l'extrémité d'une pointe de mangliers gisant dans le Nord-31°-Est du Gros-Ilet, à 0^{mil},8; elle prend sa source dans les pitons du Carbet, et, après s'être grossie d'une multitude de ruisseaux et de torrens descendus de ce groupe de montagnes, elle parcourt la plaine du Lamentin dans sa plus grande étendue. Son cours est plus long que celui de toutes les autres rivières de l'île.

Rivière Salée.

La rivière Salée vient se rendre dans la partie méridionale de la baie, vers le lieu où elle est le plus enfoncée; elle prend sa source dans les mornes que le Vauclin domine, parcourt les quartiers du Saint-Esprit et de la rivière

Salée, et coule ensuite dans un canal tortueux et profond dont l'embouchure est encombrée de terres et de troncs d'arbres que ses eaux gonflées par les pluies y ont entraînés. On ne peut y pénétrer qu'avec des pirogues.

Depuis cette embouchure jusqu'à celle du Lézard, le fond de la baie du Fort-Royal est rempli d'une quantité considérable de bancs qui en interdisent l'accès à toute espèce de bâtimens; et depuis la rivière du Lézard jusqu'au morne Rouge s'étend le grand banc qui limite dans l'Est la passe du Cohé, et qu'on peut regarder comme formant le prolongement des terres Noyées dont nous avons parlé. Un espace assez large, où l'on trouve 10 à 12 brasses d'eau, sépare ce banc du Gros-Ilet, et communique avec un mouillage situé dans l'Est et le Sud de cet îlet, mais à peu de distance de ses pentes escarpées; car en s'en écartant dans l'Est à $0^{mil},4$, et dans le Sud à $0^{mil},2$, on trouve un amas de bancs presque contigus les uns aux autres jusqu'au rivage, et couverts de très-peu d'eau.

Mouillage des Trois-Ilets.

Après avoir dépassé le méridien du Gros-Ilet, en s'avançant toujours vers l'entrée de la baie, on quitte les terres Noyées pour suivre les sinuosités d'une côte qui se dessine d'une manière plus prononcée, et forme l'enceinte du mouillage des Trois-Ilets. Sur cette côte se trouve le bourg des Trois-Ilets, dont la population se compose presque en totalité de mulâtres et de nègres libres. Les mornes qui dominent la baie du Fort-Royal dans cette partie, prolongent leurs pentes jusqu'à la mer dont ils sont peu éloignés; et, à l'exception de quelques petits enfoncemens où viennent se rendre les ruisseaux descendus de ces mornes, la côte est bordée de falaises peu élevées, ou présente des pentes roides et bien boisées, telles qu'on les remarque à la pointe de la Rose, située dans l'Ouest 21° Nord du Gros-Ilet, à 1^{mil},3. Le mouillage, ainsi que le bourg des Trois-Ilets, tire son nom de trois petites îles situées près de la côte et formant un triangle isocèle. Par sa position au milieu des terres environnantes, et défendu, comme il l'est, par des bancs qui rompraient les efforts de la mer dans le cas où les vents viendraient à sauter vers l'Ouest, ce mouillage réunit toutes les conditions nécessaires pour garantir, autant qu'il est possible, la sûreté des bâtimens dans l'hivernage; mais il renferme une multitude de hauts-fonds qui diminuent de beaucoup l'espace où l'on peut jeter l'ancre. Le lieu auquel on doit donner la préférence pour hiverner est au milieu de la ligne qui joint la plus orientale des trois petites îles au sommet du Gros-Ilet. En s'enfonçant davantage vers le Sud, on rencontre des bancs qui réunissent, presque sans interruption, la côte au Gros-Ilet; et, dans le cas où l'on se placerait plus près des terres qui se terminent à la pointe de la Rose, on aurait à craindre la proximité de quatre têtes de roches madréporiques, situées à moins d'une encâblure et demie les unes des autres, et qui laissent à peine l'espace nécessaire pour l'évitage des bâtimens dans la partie du mouillage qu'elles occupent. Ces têtes de roches, sur deux desquelles nous avons trouvé 11 et 13 pieds de brassiage, sont tellement aiguës et accores, que leur existence était restée complètement ignorée du pilote du Fort-Royal, malgré les recherches préliminaires qu'il avait toujours eu l'habitude de faire avant de conduire aux Trois-Ilets les bâtimens destinés à y stationner. Elles nous furent indiquées par un pêcheur du voisinage.

A peu de distance des Trois-Ilets et des terres de la pointe de la Rose, les petits bâtimens peuvent mouiller par 6 et 7 brasses d'eau sur des fonds de vase argileuse. La sonde rapporte le même fond, par 8 brasses, dans le lieu que nous avons indiqué plus haut comme le meilleur ancrage des Trois-Ilets.

Un banc de gravier et de roches madréporiques, couvert seulement de 2 ou 3 pieds d'eau, entoure le Gros-Ilet dans sa partie occidentale, et se prolonge à 5 encâblures et demie du côté de la pointe de la Rose. Ce banc limite, dans l'Est et dans le Nord, le mouillage des Trois-Ilets, et le rétrécit considérablement. Entre sa partie septentrionale et le grand banc qui tient au morne Rouge, on trouve un chenal profond et large de 4 encâblures, par lequel on peut aller au mouillage du Gros-Ilet dont nous avons parlé plus haut; mais le louvoyage y serait très-difficile, à cause de la direction dans laquelle les vents soufflent habituellement.

Aiguade.

Les rivières qui débouchent dans le fond de la baie du Fort-Royal et dans le voisinage des Trois-Ilets fournissent, près de leurs embouchures, des eaux chargées de vase et de matières organiques qui leur donnent un goût très-désagréable. Pour les avoir limpides, il faudrait les aller chercher très-loin dans l'intérieur de l'île; mais ce travail ne pouvant s'exécuter qu'avec beaucoup de peine et de lenteur, les bâtimens mouillés aux Trois-Ilets préfèrent l'aiguade du Fort-Royal, quoique cette dernière soit elle-même loin d'être bonne, comme il a été dit plus haut.

En quittant le mouillage des Trois-Ilets, et continuant à suivre la côte Sud de la baie, on trouve entre la pointe de la Rose et celle du Bout, que nous avons déjà décrite, un enfoncement rempli de bancs de gravier et de roches madréporiques qui s'avancent jusqu'à la ligne joignant ces deux pointes.

Passe des Trois-Ilets.

La passe des Trois-Ilets est bornée dans le Sud par les

bancs précédens, et dans le Nord par la Grande-Sèche, ainsi que par un haut-fond de corail situé dans le Nord 33° Est de la pointe du Bout à $0^{mil},6$, et dont la sommité n'est couverte que de 12 à 13 pieds d'eau, sur une étendue de près de trois encâblures en longueur, de l'Est à l'Ouest, et d'une et demie en largeur. Dans l'Est, elle a pour limite le grand banc qui tient au morne Rouge, et qui forme le prolongement des terres Noyées comprises entre ce morne et la rivière du Lézard. Elle renferme quatre bancs de roches madréporiques, dont l'un gît dans le Nord-Ouest de la pointe de la Rose, à deux encâblures et demie; et les autres, sur lesquels on ne trouve que de 13 à 18 pieds de brassiage, la partagent, dans la direction de l'Est à l'Ouest, en deux parties où les vaisseaux et les frégates n'ont que l'espace rigoureusement nécessaire pour le louvoyage.

On peut fréquenter la passe des Trois-Ilets avec un vent fait; mais avant de s'y engager, il est nécessaire de la baliser avec des bouées placées sur les bancs que nous venons de désigner et sur les roches isolées du mouillage des Trois-Ilets. Cette opération préliminaire s'exécutera avec facilité, à l'aide du plan de la baie et des changemens produits par les bancs dans la couleur de la mer. Avec le secours de ces bouées, on pourra combiner ses bordées de manière à passer entre les bancs qui occupent le milieu de la passe, et les pousser d'un côté jusqu'auprès de la ligne qui joint la pointe de la Rose à celle du Bout, et de l'autre jusqu'aux accores de la Grande-Sèche et du banc qui l'avoisine dans le Sud-Est, et dont nous avons donné la position par rapport à la pointe du Bout. Une fois parvenu dans le Nord de la pointe de la Rose, les vents régnans sont ordinairement favorables, pour aller directement au mouillage; dans cette route, on n'a d'autres dangers à éviter que les roches isolées du mouillage des Trois-Ilets, ainsi qu'une partie avancée du grand banc du morne Rouge, laquelle est située à un demi-mille dans le Nord 22° Est de la pointe de la Rose.

Il est plus facile de sortir des Trois-Ilets que d'y entrer; cependant les précautions que nous venons d'indiquer sont également indispensables dans les deux cas.

C'est dans le Nord de la pointe de la Rose, à un mille, que la passe des Trois-Ilets se joint à celle du Cohé.

Il ne nous reste plus, pour compléter la description de la baie du Fort-Royal, qu'à parler de la partie de côte comprise entre la pointe du Bout et le cap Salomon. Nous n'avons que peu de chose à en dire.

Ilet à Ramiers. Au-delà de la pointe du Bout, dans le Sud 56° Ouest, est situé l'îlet à Ramiers, rocher dont les escarpemens sont taillés à pic de trois côtés, et s'élèvent de 43 mètres au-dessus du niveau de la mer. Il est séparé de la côte par un canal large d'environ une encâblure et demie, dont le brassiage est de 8 ou 9 pieds. Un fort, construit sur sa partie supérieure, défend l'entrée de la baie. Entre la pointe du Bout et cet îlet, on voit deux anses de forme demi-circulaire, où l'on débarque avec la plus grande facilité: l'une est l'anse des Cocotiers, ainsi appelée à cause des arbres qui la bordent, l'autre est l'anse à l'Ane. La première, dont la plage est formée par un beau sable blanc, commence près de l'isthme qui joint la pointe du Bout à la côte, et se termine, dans le Sud-Ouest, auprès d'une habitation placée à la naissance d'une pointe remarquable, connue sous le nom de *pointe d'Alet,* qui dirige sa convexité vers la ville du Fort-Royal, et dont les falaises élevées et de couleur jaunâtre sont couronnées dans le haut de halliers épais, à travers lesquels on ne peut pénétrer qu'avec beaucoup de difficulté. Au pied de ces falaises, et jusqu'à une encâblure au large, la mer brise sur des roches à fleur d'eau.

Hauts-fonds de la pointe d'Alet.

Dans le Nord de la pointe d'Alet, à trois encâblures, nous avons trouvé un haut-fond de peu d'étendue, dont le sommet n'est couvert que de 9 pieds d'eau; et dans le Nord 32° Est de cette même pointe, à-peu-près à la même distance et vis-à-vis du milieu de l'anse des Cocotiers, on voit un petit banc à fleur d'eau, composé de trois têtes de roches madréporiques.

L'anse à l'Ane est située entre la pointe d'Alet et l'îlet à Ramiers, à égale distance de ces deux points. Sa plage est de sable gris. La vallée qu'elle termine s'enfonce entre des mornes escarpés et couverts de halliers, dont la couleur sombre forme un contraste frappant avec le beau tapis de verdure qu'elle présente. Une longue avenue de cocotiers, conduisant à l'habitation Jean-Ville, et un petit ruisseau qui serpente au milieu de cette vallée fertile, contribuent encore à rendre son aspect plus agréable et plus pittoresque.

De l'anse à l'Ane jusqu'aux approches de l'îlet à Ramiers, la côte court vers l'Ouest quart Nord-Ouest, et de l'îlet à Ramiers jusqu'au cap Salomon, elle se dirige, en formant quelques sinuosités peu prononcées, vers le Sud 35° Ouest. Dans cette partie de la baie, les terres sont plus élevées que partout ailleurs; les mornes descendent rapidement jusqu'à la mer, et s'y terminent par des falaises presque verticales, où l'on remarque néanmoins une végétation vigoureuse. Ces mornes sont coupés par des gorges étroites et profondes, parmi lesquelles il y en a deux qui interrompent les escarpemens de la côte à $1^{mil},1$ dans le Sud 35° Ouest de l'îlet à Ramiers, et viennent aboutir à deux petites plages sablonneuses voisines l'une de l'autre. C'est entre ces gorges et le cap Salomon que les escarpemens atteignent la plus grande élévation, et qu'ils sont le plus remarquables par leur construction : ils présentent une espèce de revêtement presque vertical, composé d'énormes blocs de roches basaltiques amoncelés les uns sur les autres dans le plus grand désordre.

Les profondeurs d'eau qu'on trouve près du rivage, en s'avançant de l'îlet à Ramiers vers le cap Salomon, vont toujours en augmentant et sont en général très-considérables.

Fond blanc de l'îlet à Ramiers.

Le fond blanc de l'îlet à Ramiers, dont il a déjà été question, commence à la pointe du Bout et se prolonge vers l'Ouest, un peu au-delà de l'îlet à Ramiers. Ses limites suivent la direction du Nord, depuis le voisinage de cet îlet jusqu'au milieu de la baie; de là elles se dirigent vers le Sud-Est; puis elles forment un enfoncement vers l'Ouest, pour revenir ensuite à la pointe du Bout par des sinuosités irrégulières, et dont plusieurs sont très-profondes. Ce grand banc, qui est de formation madréporique, présente en général peu d'inégalités, et se trouve couvert, sur la presque totalité de son étendue, d'une couche légère de sable blanc. Les seules aspérités dangereuses qui nous aient paru exister à sa surface ont déjà été signalées; mais il est bon de les rappeler encore. La première est le haut-fond situé dans le Nord de la pointe d'Alet, à trois encâblures; la seconde, le petit banc formé de trois têtes de roches madréporiques, et placé vis-à-vis du milieu de l'anse des Cocotiers ; la troisième enfin , est le banc du Gros-Ilet, dont le sommet, couvert de 21 pieds d'eau, n'est à craindre que pour les vaisseaux et les frégates d'un grand tirant d'eau.

On évite facilement cet exhaussement du fond blanc de l'îlet à Ramiers, en faisant attention que son point culminant se trouve exactement dans le Nord de l'îlet à Ramiers et dans la direction de la pointe du Bout par le Gros-Ilet, deux points dont l'aspect ne laisse rien d'équivoque.

En naviguant sur le fond blanc de l'îlet à Ramiers, il faudra, pour avoir une entière sécurité, ne pas atteindre tout-à-fait, dans les bordées, la ligne qui joint la pointe du Bout à l'îlet à Ramiers.

CHAPITRE V.

Description de la côte, depuis la baie du Fort-Royal jusqu'à la rade de Saint-Pierre.

Les profondeurs d'eau qui règnent près du rivage, entre la baie du Fort-Royal et la rade de Saint-Pierre, sont tellement considérables, qu'on ne trouve, dans tout cet espace, que très-peu d'endroits où l'on puisse jeter l'ancre.

Depuis la pointe des Nègres jusqu'aux environs du bourg de Case-Pilote, qui en est éloigné de quatre milles dans le Nord 46° Ouest, la côte ne présente aucune sinuosité bien prononcée. On ne voit, jusqu'au-delà du bourg de Case-Navire, situé à un mille de la pointe des Nègres, que des escarpemens de médiocre élévation et des terres formant d'abord des pentes peu rapides en s'avançant vers les pitons du Carbet, et qui se relèvent ensuite, dans l'intérieur de l'île, pour atteindre ce groupe de montagnes; mais à mesure qu'on approche du bourg de Case-Pilote, l'élévation des terres augmente, et leurs pentes, couvertes de halliers dans le voisinage de la côte, acquièrent immédiatement une rapidité qu'elles conservent jusqu'à leur jonction avec les mornes qui s'adossent aux pitons du Carbet; elles se terminent, à la mer, par des escarpemens d'une hauteur considérable, taillés à pic, et séparés par de petites anses de sable gris ou de galet, qui correspondent à des gorges étroites et profondes.

Bourg et mouillage de Case-Navire.

Le bourg de Case-Navire se compose d'un petit nombre de cases et de maisons habitées par des nègres et mulâtres libres. Il est traversé par une rivière qui fournit une aiguade précieuse, ainsi qu'il a déjà été dit, aux bâtimens mouillés dans la baie du Fort-Royal. Vis-à-vis de ce bourg, et à deux encâblures de la grève, on peut mouiller par 90 à 100 pieds d'eau, sur des fonds de sable gris; mais il n'y aurait d'autre motif pour venir à ce mouillage, que de se mettre à proximité de la rivière de Case-Navire, afin de faire sa provision d'eau avec plus de promptitude.

Le bourg de Case-Navire, placé sur une pointe basse et peu saillante, sépare deux jolies plages de sable blanc devant lesquelles s'étend le mouillage précédent. La plage du Nord, dont la longueur est de près d'un demi-mille, est bordée de falaises peu élevées; celle du Sud termine un petit vallon orné de la plus belle végétation, et bien cultivé.

Entre la rivière de Case-Navire et les environs de Case-Pilote, la sonde rapporte, à trois encâblures au large, 200 pieds d'eau, et 40 à quelques toises seulement du rivage. La déclivité du fond diminue un peu près, de l'anse où est situé le bourg de Case-Pilote. On peut y jeter l'ancre par 21 brasses à une encâblure et demie de la côte; mais jusqu'à l'ouverture de la rade Saint-Pierre, le brassiage redevient très-considérable : dans le Sud-Ouest du cap Enragé, à moins d'un demi-mille, nous n'avons pas trouvé de fond avec une ligne de cent dix brasses.

Mouillage de Case-Pilote.

A partir du cap Enragé jusqu'au morne aux Bœufs, la côte se dirige vers le Nord 32° Ouest, puis s'infléchit un peu vers le Nord jusqu'à la pointe basse du Carbet, qui forme l'extrémité méridionale de l'enfoncement où se trouve la ville de Saint-Pierre, et de là elle court vers le Nord-Nord-Est jusqu'à la pointe Sainte-Marthe. Les hautes terres de cette partie de l'île sont des chaînons de montagnes qui prennent naissance dans les pitons du Carbet, et dont les crêtes étroites sont couvertes, sur la presque totalité de leur surface, de bois et de halliers à travers lesquels on ne peut pénétrer qu'avec beaucoup de difficulté; il s'y trouve cependant quelques cultures de café et de manioc. Ces chaînons prolongent leurs pentes jusqu'à la côte, et s'y terminent brusquement par de grandes falaises taillées à pic. Les ravines qui les séparent s'élargissent à mesure qu'elles descendent vers la mer, et se changent, avant d'y arriver, en vallons de l'aspect le plus agréable, dont le sol est constamment fertilisé par les terres végétales qu'y apportent les eaux pluviales des hauteurs circonvoisines. Ces vallons, auxquels on donne le nom de *fonds*, à la Martinique, sont enrichis de plantations de cannes au milieu desquelles s'élèvent de beaux établissemens, dont plusieurs renferment des moulins à vapeur. Les plages de sable et de galet qui les limitent du côté de la mer s'étendent jusqu'aux escarpemens de la côte, mais ne s'y interrompent pas toujours. Dans le Sud du morne aux Bœufs, il en existe quelques-unes au pied des falaises, et dans le Nord de ce morne elles se prolongent, presque sans interruption, jusqu'à la pointe Sainte-Marthe qui borne la ville de Saint-Pierre dans le Sud.

CHAPITRE VI.

Description de la baie et du mouillage de Saint-Pierre.

La baie de Saint-Pierre s'ouvre dans le Sud, à la pointe du Carbet, où débouche la rivière de ce nom, et dans le Nord, à une pointe de moyenne élévation, appelée *Lamarre*, qui est située dans le Nord 23° Ouest de celle du Carbet, à $4^{mil},7$. Sa plus grande profondeur, correspondant à l'emplacement de la ville de Saint-Pierre, n'est guère que d'un mille; elle affecte, entre les deux pointes précédentes, une courbure à-peu-près circulaire, et présente des plages sablonneuses qui règnent presque sans interruption sur la totalité de son étendue.

Le mouillage est loin d'offrir aux bâtimens le degré de sûreté qu'exigerait l'importance des relations commerciales de Saint-Pierre avec l'Europe, les États-Unis, les Antilles et le golfe du Mexique. Son exposition à tous les vents, depuis le Sud-Sud-Ouest jusqu'au Nord-Ouest par l'Ouest, le rend particulièrement dangereux pendant l'hivernage, ainsi qu'aux approches et à la fin de cette saison, à cause des sautes de vent et des révolutions auxquelles l'atmosphère est alors sujette. Les ras-de-marée s'y font en outre sentir, vers ces époques, avec une violence qui entraîne quelquefois les plus grands accidens. Dans les autres parties de l'année, la rade de Saint-Pierre est presque entièrement exempte des dangers que nous venons de signaler : elle est à l'abri des vents régnans qui soufflent avec fixité de l'Est à l'Est-Nord-Est, et le phénomène des ras-de-marée est plus rare et beaucoup moins redoutable;

le seul inconvénient qu'il occasionne, c'est de gêner considérablement les communications de la ville avec la rade, et parfois même de les rendre impraticables.

Les bâtimens surpris au mouillage par de grands vents du large, ou par un fort ras-de-marée, se trouvent dans la position la plus critique. S'ils tentent de gagner la haute mer en se faisant remorquer par des embarcations, ou à l'aide de différentes bordées, ils sont bientôt affalés sous la terre par des lames énormes; et si, au lieu d'appareiller, ils restent mouillés, leur perte est presque aussi certaine, surtout quand ils n'ont pas de chaîne; car le choc réitéré des lames les fatigue tellement que les ancres se détachent du fond et les laissent aller en derive, ou, si elles résistent, l'agitation de la mer détermine la rupture des câbles; et dans l'un et l'autre cas, les navires sont jetés sur le rivage où la violence du ressac ne tarde pas à les mettre en pièces. Dans le dessein d'éviter des événemens aussi funestes, le gouvernement colonial prescrit aux bâtimens français de quitter la rade de Saint-Pierre au commencement de l'hivernage, et les oblige de se rendre à leur destination pour l'Europe, ou de passer cette saison dans la baie du Fort-Royal, soit au port du Carénage, soit aux Trois-Ilets.

Mouillage des bâtimens de l'État.

Le meilleur mouillage de la rade de Saint-Pierre s'étend depuis la pointe Sainte-Marthe jusqu'à l'extrémité méridionale de l'anse Thurin; c'est celui que fréquentent les bâtimens de l'État. Les fonds, dans cette partie, ont moins de déclivité que dans les autres; ils forment relativement à ceux qui existent devant la ville un exhaussement auquel on donne le nom de *plateau du Carbet*, et qu'on peut remarquer, à l'inspection du plan, par la manière dont s'éloigne du rivage la limite des fonds où l'on a cessé d'avoir le brassiage avec une ligne de sonde de 550 pieds. On peut mouiller sur le plateau du Carbet par 24 brasses d'eau, en se tenant à deux encâblures de la côte; mais il ne faut pas se placer plus au large, particulièrement lorsqu'on se trouve dans l'Ouest d'une petite ravine où les escarpemens de l'anse Thurin sont interrompus, attendu que nous avons découvert dans cet endroit, par 140 à 170 pieds d'eau, des fonds de roches inégaux sur lesquels on m'a assuré que plusieurs ancres avaient été perdues.

Mouillage des bâtimens de commerce.

Le mouillage des bâtimens de commerce s'étend depuis la pointe Sainte-Marthe jusqu'à la rivière des Pères qui borne la ville dans le Nord; les bâtimens français occupent l'espace qui est au Sud de la place Bertin, et les bâtimens étrangers celui qui est au Nord. Dans ces deux parties de la rade, le fond ayant une pente très-rapide vers le large, on est contraint de mouiller à moins d'une encâblure et demie de la plage, et d'amarrer les navires par derrière sur des ancres qu'on porte à terre. Il est très-important d'enfouir ces ancres profondément dans le sable du rivage, pour qu'elles puissent opposer une grande résistance aux secousses violentes que les bâtimens sont exposés à éprouver dans les ras-de-marée. Il faut également avoir la précaution de tenir les amarres roides, pour empêcher les navires de s'écarter de leur position respective, et les préserver par là des avaries majeures qui résulteraient infailliblement de leurs abordages.

Un peu au-delà de la place Bertin et dans l'Ouest-Nord-Ouest de l'hôpital de la marine, on trouve à une encâblure de terre un fond de roche connu sous le nom de *caye de l'Hôpital,* et sur lequel sont obligés de mouiller les bâtimens étrangers : sa surface s'élève progressivement en approchant du rivage; mais du côté de l'Ouest, elle se termine brusquement par des pentes presque verticales, de sorte qu'on passe subitement des fonds de 46 et de 90 pieds qui appartiennent à la caye, à ceux de 156 et de 200 qui sont immédiatement en dehors de sa limite occidentale. Il faut sonder, avant de mouiller sur ce haut-fond, et jeter l'ancre par 50 pieds d'eau; en se plaçant plus au large, à une encâblure et demie du rivage, par exemple, on exposerait les ancres à s'engager dans les accores de la caye et les câbles à se couper par leur frottement sur les rochers saillans qu'elle présente près de ses limites.

Au Nord de cette caye, et en approchant de la rivière des Pères, le mouillage devient de plus en plus difficile à cause de la déclivité du fond. A moins de deux encâblures et demie de l'embouchure de cette rivière, la sonde rapporte 515 pieds, et plus au large on ne trouve pas de fond par 550 pieds. La ligne que nous avons tracée sur le plan de la rade pour indiquer cette limite, s'éloigne de plus en plus du rivage, à mesure qu'on approche de la pointe Sainte-Marthe : sa distance dans l'Ouest de cette pointe est d'environ trois encâblures et demie.

Aiguade.

On fait de l'eau avec une grande facilité à une fontaine située dans le Sud de la ville sur une belle place plantée d'arbres : il suffit d'accoster la plage avec les embarcations et d'adapter une manche à des tuyaux en bois qui conduisent les eaux de la fontaine.

Détails sur la ville de Saint-Pierre.

La ville de Saint-Pierre est située dans le Nord-36°-Ouest de celle du Fort-Royal, à la distance de 20,000 mètres en ligne directe et 24,000 en suivant les contours de la côte. Depuis 1635, époque où furent jetés ses premiers fondemens, elle s'est agrandie rapidement, et maintenant elle renferme une population qu'on peut évaluer à trente mille ames. Le commerce de la colonie y est concentré presque entièrement, et les divers produits du sol y sont transportés de tous les points de l'île pour être chargés ensuite sur un nombre considérable de bâtimens expédiés chaque année des ports de l'Europe. Il s'y fait, en outre, avec l'extérieur un commerce des plus actifs, qui la range, sous ce rapport, parmi les villes qui offrent le plus d'importance dans les Antilles et le golfe du Mexique. Ses rues sont régulières et arrosées par des ruisseaux d'une eau vive et abondante qui tempère la chaleur et contribue à purifier l'air : les maisons sont belles, et jouissent la plupart de l'avantage précieux de posséder des fontaines dans l'intérieur des appartemens. Ces fontaines particulières et celles de la ville sont alimentées, à l'aide de différens canaux de dérivation, par les eaux de la rivière du mouillage.

La ville de Saint-Pierre est bâtie au bord de la mer, le long d'une plage de sable, et s'élève en amphithéâtre sur un terrain dont les pentes sont généralement peu rapides. La rivière du mouillage, connue autrefois sous le nom de *Roxelane*, la divise en deux parties qui forment, l'une, la paroisse du Mouillage, et l'autre celle du Fort. La première, ou celle du Sud, est adossée dans l'Est à des mornes élevés qui l'entourent comme un mur continu, et dont les flancs, presque verticaux, sont revêtus de la plus belle végétation. Ces escarpemens courent vers le Nord-Est, à partir de la pointe Sainte-Marthe, et s'éloignent de la mer en suivant cette direction, à la distance de 380 mètres, qui est la plus grande largeur de la ville dans la paroisse du Mouillage ; de là, ils se rapprochent peu à peu du rivage, en se courbant vers le Nord en forme de demi-cercle ; puis, en arrivant près de la rivière du mouillage, ils se détournent tout-à-coup vers l'Est, et limitent, dans le Sud, la ravine où ce torrent a tracé son lit. Ils n'offrent, dans tout cet espace, qu'un petit nombre de coupures où l'on a pratiqué des sentiers sinueux pour gravir jusqu'à leur sommet, et les plateaux qui les surmontent sont couverts d'habitations, de jardins et de plantations superbes. Ces plateaux s'élèvent en se rétrécissant progressivement vers l'intérieur de l'île, et se terminent en arètes étroites et escarpées dans les endroits où ils se rattachent aux principales montagnes.

La rivière du mouillage a son lit rempli de gros blocs de roches volcaniques, que ses eaux gonflées par les pluies abondantes arrachent des hautes terres de l'île et roulent quelquefois jusqu'à la mer. Entre sa rive gauche et les falaises qui bordent, dans le Sud, la ravine où elle coule, est une belle place plantée de tamarins, et près de là sont les casernes. En remontant vers l'Est et longeant les falaises, on arrive à une petite rivière qui se réunit à celle du mouillage, après avoir formé, en descendant des mornes, une cascade d'une centaine de pieds d'élévation. Le jardin botanique est à la jonction de ces deux rivières, et s'étend dans l'Est jusqu'à la cascade précédente. Les mouvemens variés du terrain où ce jardin est situé, la multitude de plantes indigènes et exotiques qu'on y cultive, et les mornes boisés qui le dominent, contribuent à lui donner l'aspect le plus agréable et le plus pittoresque.

Le terrain sur lequel est bâtie la seconde partie de Saint-Pierre, ou la paroisse du Fort, s'avance depuis la mer par des pentes douces qui se prolongent assez loin vers le Nord et l'Est, et se relèvent ensuite pour former les versans de la montagne Pelée. Ces pentes sont couvertes, au-dessus de la ville, de cultures et de plantations de cannes à sucre du plus grand rapport; viennent ensuite les cafés et les vivres du pays, qu'on cultive jusqu'aux deux tiers de leur étendue, et enfin des bois d'une couleur sombre à travers lesquels on ne pénètre qu'avec les plus grandes difficultés. Ces divers produits du sol récréent la vue par leurs teintes variées et donnent beaucoup d'agrément au spectacle imposant que présentent les flancs de la montagne Pelée dans le Nord de la ville.

La position topographique des deux quartiers de Saint-Pierre a la plus grande influence sur leur plus ou moins de salubrité. Dans le quartier du mouillage, les vents d'Est sont interceptés par les mornes du voisinage, d'où résulte une chaleur étouffante qui se trouve encore accrue par les rayons du soleil que les escarpemens réfléchissent sur cette partie de la ville : le sable du rivage contribue aussi de son côté à une élévation de température.

L'autre quartier, au contraire, n'étant dominé par aucune hauteur voisine du côté de l'Est, les vents de cette direction y soufflent avec liberté, et tendent sans cesse à rafraîchir l'atmosphère.

Une autre cause influant aussi beaucoup sur l'état de salubrité particulier à chacune des paroisses de la ville, c'est la différence existant entre leur population. Au Fort, la population est répandue sur un espace assez grand, tandis que, dans la paroisse du Mouillage, elle est ramassée dans un lieu circonscrit, où sont situés tous les entrepôts du commerce, et qui est fréquenté par une quantité considérable de marins appartenant aux équipages des bâtimens mouillés sur la rade.

CHAPITRE VII.

Description de la côte depuis Saint-Pierre jusqu'au havre de la Trinité.

Des plages de sable constituent le rivage presque sans interruption depuis Saint-Pierre jusqu'à la pointe Lamarre, et se prolongent dans plusieurs endroits au pied de falaises peu élevées. A un mille dans le Nord-Ouest des dernières maisons de la ville, la côte présente un renflement où viennent se jeter à la mer la rivière Sèche et la rivière Blanche : toutes deux prennent leur source dans les sommités de la montagne Pelée, et n'ont ordinairement qu'un petit filet d'eau pendant la durée entière de la saison sèche ; mais lors des pluies abondantes de l'hivernage, elles deviennent des torrens impétueux, et leurs eaux entraînent dans leur mouvement rapide des pierres ponces et des laves qu'elles détachent des terrains supérieurs. Ces rivières, et en général toutes celles qui avoisinent le canal de la Dominique, ont creusé, dans les flancs de la montagne Pelée, des fissures profondes, dont les bords s'élèvent presque verticalement. Les grands escarpemens qui encaissent ces précipices sont recouverts, dans le haut, d'une couche peu épaisse de terre végétale, dont les talus forment, à leur rencontre, des arêtes de quelques toises de largeur seulement. C'est pourtant sur ces lieux élevés, et du plus difficile accès, que des gens de couleur et quelques blancs de la paroisse du Prêcheur ont fixé leurs demeures; ils y ont établi des plantations de café et des cultures de manioc, de maïs et de plantes légumineuses. Le sol de toute cette partie de l'île se compose, ainsi que nous l'avons dit précédemment, de laves et de pierres ponces, qui ont été vomies dans des temps reculés par le volcan éteint de la montagne Pelée.

Entre la pointe Lamarre et la rivière Blanche, une plage de sable, connue sous le nom de *fond de Canonville*, s'étend devant un terrain légèrement incliné, qui est dominé, du côté de l'Est, par de grands escarpemens entrecoupés de ravins. Ces escarpemens viennent rejoindre la pointe Lamarre, et renferment, au milieu d'eux, la rivière de ce nom, qui vient y déboucher à travers de gros blocs de roches volcaniques; ils se continuent à plus d'un demi-mille au-delà, et à cette distance de la pointe Lamarre, il existe, au pied d'une falaise rougeâtre et sous l'habitation Labbatlut, quelques brisans à fleur d'eau, sur l'un desquels s'échoua le brick français *le Cygne*, après le glorieux combat qu'il soutint en 1808 contre plusieurs bâtimens anglais.

A partir de cet endroit, la côte est basse jusqu'au-delà de la rivière du Prêcheur, et se termine en pente douce par une plage formée presque entièrement de débris de pierres ponces. Le bourg du Prêcheur s'élève en amphithéâtre dans cette partie de l'île; sa population se compose principalement de gens de couleur. C'est à-peu-près à un mille dans le Nord-Nord-Ouest de ce bourg que se trouve la pointe Gribouldin, la plus occidentale de l'île. En avançant de ce point vers le canal de la Dominique, la côte se courbe peu à peu vers l'Est, et continue à se rapprocher insensiblement de cette direction jusqu'à la pointe du Macouba, qui est la plus septentrionale de l'île : elle décrit ainsi un arc de cercle, dont le développement est d'environ sept milles et demi, et présente, dans toute cette étendue, une suite de grandes falaises presque verticales, interrompues de distance en distance par des ravines qui aboutissent à des anses de sable ou de galet. La plus grande de ces ravines est celle de la Grande-rivière.

Rocher de la Perle. A deux milles et demi dans le Nord de la pointe du Prêcheur se trouve la *Perle,* rocher remarquable, dont le sommet arrondi est revêtu de quelques petits arbustes qui ont poussé dans ses crevasses : son élévation au-dessus du niveau de la mer est de 26 mètres; et il est tellement accore, qu'à moins d'une demi-encâblure dans l'Ouest, la sonde rapporte 250 pieds, et plus au large 550 sans fond. Dans l'Est il existe, par 111 pieds d'eau, un chenal large de deux encâblures, et limité par une chaîne de roches et de brisans qui s'étend jusqu'au rivage.

Les terres situées dans le voisinage de ce rocher sont plus hautes et plus tourmentées que partout ailleurs; elles présentent un système de mornes coniques et boisés, parmi lesquels on distingue les pitons Pierreux, Gelé, Moncomis, qui sont liés entre eux et avec la cime de la montagne Pelée par des arètes extrêmement étroites et difficiles à franchir. La plus grande hauteur des escarpemens de la côte se remarque dans cette partie de l'île, au cap Saint-Martin et au Morne-aux-Lianes; nous l'avons trouvée de 600 pieds pour le premier point, et de près de 900 pour le second.

Depuis la pointe du Macouba jusqu'au bourg de la Basse-Pointe, on suit une côte très-élevée et coupée par plusieurs ravines très-étroites; sa direction est celle de l'Est 15° Sud : elle court ensuite jusqu'à la pointe du Marigot, vers l'Est 25° Sud, et ses falaises toujours verticales ne présentent, dans tout cet espace, d'autres interruptions que celles qui existent devant la rivière Capot, la Grande-Anse, et les rivières du Lorrain et du Massé. Une foule de ruisseaux descendant de la montagne Pelée, du morne Jacob et des pitons du Carbet,

Rivière Capot.

donnent naissance à la rivière Capot, qui, par la longueur de son cours, et surtout par le volume de ses eaux, peut être considérée comme l'une des principales de l'île : elle débouche à travers un terrain formé de ses alluvions et rempli de gros galets que ses eaux entraînent à la mer, et que la violence des lames rejette ensuite sur le rivage. Une pluie abondante suffit pour en rendre le gué impraticable.

Cette rivière limite, près de son embouchure, la portion de côte qui forme, à partir de la rivière des Pères, la base de la montagne Pelée; elle établit aussi, par son cours, une séparation bien distincte entre les terres volcaniques de la paroisse de la Basse-Pointe et les terres argileuses qui appartiennent à celle de la Grande-Anse.

La pointe du Marigot termine, dans l'Est, l'enfoncement où viennent se rendre les rivières du Massé et du Lorrain; elle se fait remarquer par sa grande élévation et ses falaises rougeâtres. La côte se dirige de là vers l'Est 43° Sud, jusqu'à un rocher très-élevé, appelé *le Pain-de-Sucre* à cause de sa forme conique, et présente deux enfoncemens, dans l'un desquels se trouve le bourg du Marigot; dans l'autre vient se rendre la rivière du Charpentier, sur une plage de sable fin et gris. **Pointe du Marigot.** **Rocher du Pain-de-Sucre.**

Une petite langue de terre joint le Pain-de-Sucre à une pointe défendue par quelques brisans, situés au pied de ses escarpemens, et sur le haut de laquelle on aperçoit une habitation et un moulin. La côte est très-élevée dans cette partie; mais elle s'abaisse peu à peu en allant vers l'Est, et finit par se confondre avec une petite plage de sable qui réunit l'îlet Sainte-Marie à une plaine basse et peu étendue sur laquelle est bâti le bourg de ce nom.

L'îlet Sainte-Marie a ses escarpemens taillés à pic de tous côtés, et sa partie supérieure présente une surface plane, où **Ilet Sainte-Marie.**

l'on aperçoit une herbe courte et languissante pour tout indice de végétation.

Depuis la ville de Saint-Pierre jusqu'à l'îlet Sainte-Marie, la côte est parfaitement saine, et les profondeurs d'eau qui règnent à peu de distance du rivage sont très-considérables, particulièrement jusqu'à la Perle. Dans tout cet espace, il n'existe qu'un seul endroit où le fond, étant un peu moins accore qu'ailleurs, laisse la possibilité de mouiller; il se trouve près de la pointe Gribouldin et de l'habitation Rancé, à environ un mille dans le Nord de la pointe du Prêcheur; mais ce mouillage ne peut convenir qu'aux bâtimens retenus sous le vent de l'île par de forts courans de la partie de l'Ouest, et contraints d'attendre une occasion plus favorable pour se rendre, par le canal de la Dominique, dans les ports de la côte orientale.

Mouillage près de l'habitation Rancé.

Au-delà de la Perle, la déclivité du fond diminue dans le canal de la Dominique. En effet, à peu de distance de ce rocher, on ne trouve pas de fond; mais dans les environs du cap Saint-Martin la sonde rapporte 380 pieds à quatre encâblures de la côte, et du côté de la pointe du Marigot, il faut, pour avoir 210 pieds de brassiage, s'éloigner à plus de quatre milles et demi au large.

CHAPITRE VIII.

Description de la baie et du Havre de la Trinité.

A partir de l'îlet Sainte-Marie, la côte se dirige vers l'Est 60° Sud jusqu'au fond du havre de la Trinité, qui en est éloigné de trois milles et demi, et se trouve défendue par une ceinture de récifs qui l'enveloppe presque sans interruption. Elle forme de petites anses peu profondes, séparées les unes des autres par quelques pointes hautes et escarpées, et d'autres de moyenne élévation, parmi lesquelles nous distinguerons celle du Fort, située vers la partie septentrionale du bourg de la Trinité.

On remarque aussi, avant d'arriver dans le fond du havre, un îlet éloigné de la côte précédente de 0^{mil},7, et gisant à près d'un mille et demi dans le Nord de la pointe du Fort et à un peu plus de distance de l'îlet Sainte-Marie, dans le Sud 58° Est. Cet îlet, connu sous le nom de *Saint-Aubin*, indique l'entrée du havre de la Trinité aux bâtimens qui viennent du canal de la Dominique : son aspect et sa position ne laissent rien d'équivoque dans sa reconnaissance : il paraît haut et escarpé de toutes parts, et sa partie supérieure offre une surface arrondie couverte de broussailles mêlées de quelques arbres. On peut l'accoster, dans le Nord, d'aussi près qu'on le veut; car il est parfaitement sain de ce côté; mais, vers le Sud, il présente une grande batture de roches madréporiques, parsemée vers ses bords d'aspérités saillantes, dont plusieurs ont atteint le niveau de la mer. A la partie méridionale de cette batture, qui s'étend à près d'un demi-mille dans

Ilet Saint-Aubin.

le Sud de l'îlet, s'élève un banc de sable blanc que des blocs de coraux, détachés par la violence des lames, ont vraisemblablement formé de leurs débris, en se heurtant les uns contre les autres.

L'îlet Saint-Aubin est également inaccessible du côté de l'Est-Sud-Est, à cause d'une chaîne de hauts-fonds qui se prolonge à deux encâblures et demie au large, et sur laquelle la mer brise souvent. Cette chaîne, couverte de 13 à 20 pieds d'eau seulement, limite dans l'Ouest le chenal qui conduit au mouillage.

Rocher appelé la Caravelle.

Quel que soit le point d'où l'on vienne, on est averti de la route qu'il faut suivre pour se rendre à la Trinité, à la vue d'un rocher qui, de loin, a l'apparence d'un bâtiment à la voile, et qu'on a nommé par cette raison la *Caravelle.* Ce rocher, élevé de 90 pieds environ au-dessus du niveau de la mer, est totalement dépourvu de végétation, et se termine par un sommet aigu, blanchi par les fientes d'une foule d'oiseaux de mer. C'est un point de reconnaissance excellent pour tout bâtiment venant d'Europe ou des États-Unis et destiné à faire voile pour la Trinité ou l'un quelconque des mouillages de la côte orientale, attendu qu'il est au vent de tous ceux que renferme cette partie de l'île. Les profondeurs d'eau dont il est entouré étant considérables, on peut en approcher d'aussi près qu'on le veut; mais la houle que détermine l'action directe et permanente des vents alisés y rendrait le débarquement presque impossible.

Presqu'île de la Caravelle.

Un canal large de plus d'un mille et demi existe entre la Caravelle et la partie orientale d'une presqu'île à laquelle elle a donné son nom. Cette presqu'île, remarquable par la grande saillie qu'elle offre en dehors de la côte orientale, forme le havre de la Trinité par sa jonction avec la partie de côte près de laquelle se trouve l'îlet Saint-Aubin, et sépare ce mouillage du fond de la baie du galion par un isthme peu élevé et large d'un demi-mille seulement, où l'on découvre l'habitation Beau-Séjour, ainsi que son moulin à vent, qui est l'un des points les plus apparens qu'on puisse apercevoir dans le voisinage de la Trinité. La presqu'île de la Caravelle s'étend, dans la direction de l'Est 27° Nord, à près de six milles au large : ses terres s'élèvent, en avançant vers l'Est, jusqu'au morne de la Tartanne, situé vers le milieu de sa longueur, et dont le point culminant, marqué par un sémaphore, est élevé de 190 mètres au-dessus du niveau de la mer; puis elles s'abaissent pour se relever de nouveau d'une manière très-sensible vers son extrémité orientale, et, dans toute cette étendue, montrent en général une végétation beaucoup moins vigoureuse que celle des autres parties de l'île. Au Nord de la presqu'île, des falaises rougeâtres et de peu d'élévation forment le littoral dans quelques endroits; dans d'autres, il se trouve des anses sablonneuses, mais dans lesquelles on ne peut pénétrer, soit à cause des récifs qui bordent la côte, soit à cause de la houle qui s'insinue dans les petits intervalles où ces récifs sont interrompus. L'anse de la Tartanne, située près de l'îlet de ce nom, est la plus spacieuse et la plus profonde; mais les coraux dont elle est encombrée presque partout ne laissent, pour arriver à la grève, qu'une passe étroite à peine praticable pour de petites embarcations.

Au large du havre de la Trinité s'étend une chaîne de roches madréporiques qui part de l'extrémité de la presqu'île de la Caravelle et s'avance vers le rocher du Pain-de-Sucre dans la direction générale du Ouest-Nord-Ouest. Sa surface est inégale et s'exhausse, dans quelques parties, de manière à former des bancs d'une grande étendue et d'un faible brassiage qui rendent la mer très-grosse. Le plus remarquable de tous est le *loup Ministre;* nous avons sondé par 9 pieds près de son sommet, en profitant d'une circonstance où les brises étaient à peine sensibles, et nous avons estimé que son moindre brassiage pouvait être de 7 pieds. Ce haut-fond manifeste presque continuellement sa présence dans le lieu qu'il occupe par un grand brisant, et en général il marque assez pour être reconnu facilement à bord d'un navire. Ainsi, loin d'être à craindre, il contribue à mieux faire juger de la position des dangers relativement à la côte, et de la distance à laquelle il faut se maintenir au large pour les éviter, lorsqu'on se rend au havre de la Trinité.

Haut-Fond du loup Ministre.

La dénomination de *loup* employée à la Martinique, pour désigner le haut-fond précédent, s'applique ordinairement à tous les bancs couverts d'une faible quantité d'eau, et sur lesquels la mer brise par intervalles; nous aurons occasion de nous en servir encore dans la description des autres parties de la côte orientale.

Entre le loup Ministre et la côte septentrionale de la presqu'île de la Caravelle, le fond est parsemé de bancs de diverses grandeurs sur plusieurs desquels nous n'avons trouvé que 4 brasses d'eau. Il ne faut point y passer pour entrer dans le havre de la Trinité ou pour en sortir, d'autant plus, qu'étant obligé dans les deux cas de traverser la grande chaîne de roches madréporiques dont le loup Ministre fait partie, on s'exposerait à passer, peut-être, sur quelque aspérité dangereuse que nous n'aurions pas trouvée en sondant, ou à recevoir quelque coup de mer pour peu que le vent vînt à fraîchir.

Banc situé à la partie occidentale

Il existe dans le Nord de l'îlet Saint-Aubin, à plus d'un demi-mille de distance, un banc dont la longueur, dans le sens du Sud-Sud-Ouest au Nord-Nord-Est, excède un demi-mille, et sur lequel nous avons trouvé de 23 à 30 pieds d'eau. C'est là que se termine la chaîne de hauts-fonds qui règne au large du havre de la Trinité. Les fonds de sable blanc se trouvent immédiatement du côté de l'Ouest, par 17 et 20 brasses d'eau, et se prolongent, vers l'Ouest-Nord-Ouest ou dans la direction générale des récifs, jusqu'au *loup Sainte-Marie,* situé dans le Nord-Nord-Est de l'îlet de ce nom à un mille. Ce haut-fond occupe un espace de trois encâblures de longueur sur une de largeur, et le plus faible brassiage que nous y ayons trouvé est de 30 pieds. Il faut cependant éviter de le traverser, malgré la grande quantité d'eau dont il est couvert, attendu que la mer y est toujours très-grosse, et brise même quelquefois, particulièrement quand les vents passent à l'Est-Nord-Est ou au Nord-Est, et soufflent avec force de cette partie. La sonde rapporte 28 brasses à moins d'une encâblure au large du loup Sainte-Marie; et dans le canal qui le sépare de l'îlet, les profondeurs d'eau varient depuis 20 brasses jusqu'à 10.

de la grande chaîne du loup Ministre.

Loup Sainte-Marie.

Les passages qui existent entre la chaîne du loup Ministre, le loup Sainte-Marie, et l'îlet Saint-Aubin, ont pour le moins un mille de largeur, et doivent être fréquentés quand on se rend à la Trinité; mais il est très-important de ne pas s'engager sur la chaîne du loup Ministre; car on s'exposerait à passer sur des hauts-fonds dont le brassiage est à peine de cinq brasses, et sur lesquels on pourrait recevoir des coups de mer très-dangereux. On aura donc la précaution de se maintenir au large, jusqu'à ce qu'on aperçoive l'îlet Saint-Aubin dans le Sud $\frac{1}{4}$ Sud-Est du monde, à la distance de 2 milles environ. La direction donnée par ce relèvement étant très-voisine de la partie occidentale des hauts-fonds dont nous venons de parler, on ne devra la dépasser vers l'Est, soit que l'on puisse faire

Entrée dans le havre de la Trinité.

route directement, soit qu'il faille louvoyer, que lorsqu'on sera arrivé dans le Nord $\frac{1}{4}$ Nord-Ouest de l'îlet Saint-Aubin, à six ou sept encâblures de distance. On pourra alors pousser ses bordées, vers la limite méridionale des roches Madréporiques, jusque dans l'Ouest-Nord-Ouest du loup Ministre, et lorsqu'on sera parvenu à s'élever assez au vent pour être dans le Nord-Est $\frac{1}{4}$ Est de l'îlet Saint-Aubin, et dans l'Ouest du loup Ministre, on gouvernera au Sud $\frac{1}{4}$ Sud-Ouest pour venir au mouillage, en se guidant toutefois dans la passe par la vue des récifs qui la bordent dans l'Est et dans l'Ouest.

Mouillage.

On peut mouiller dans l'Est de la pointe du Fort, entre ces deux chaînes de récifs, et dans tout l'espace compris entre cette position et le fond du Havre; le mouillage est excellent dans toute cette étendue; il est à l'abri des vents régnans, qui ne varient généralement que du Nord-Est au Sud-Est en passant par l'Est. Les vents de Nord, de Nord $\frac{1}{4}$ Nord-Est sont les seuls qui pourraient y causer de la houle, parce que leur direction est la même que celle de la passe; mais ils soufflent très-rarement et ne sont à craindre que dans la saison de l'hivernage.

Sortie du havre de la Trinité.

Il est souvent plus difficile de sortir du havre de la Trinité que d'y entrer, particulièrement quand les vents sont à l'Est-Nord-Est. Cependant, en ayant soin de touer les bâtimens de manière à les rapprocher le plus près possible des bancs qui limitent le mouillage dans l'Est, ce qu'on peut faire sans inconvénient puisque ces bancs sont au vent, on se mettra dans le cas de pouvoir doubler une petite tête de roche détachée des récifs qui enveloppent la pointe du Fort, et sur laquelle il n'y a que 7 pieds d'eau. Après avoir dépassé, dans le Nord, ce danger situé à près de deux encâblures dans l'Est-Nord-Est de la pointe du Fort, le louvoyage présentera d'autant moins de difficulté que la passe s'élargit beaucoup et se trouve marquée, dans la plus grande partie de son étendue, par des lignes de brisans qui la bordent presque sans interruption. Le banc Mitan couvert de 11 pieds d'eau seulement, et les hauts-fonds qui tiennent à l'îlet Saint-Aubin dans l'Est-Sud-Est, sont les seuls dangers que les brisans ne rendent pas toujours apparens; mais l'inspection du plan suffit pour faire voir qu'il n'est point nécessaire de prolonger les bordées jusqu'aux environs du banc Mitan, pour passer ensuite au large de ceux de l'îlet Saint-Aubin.

Une fois en-dehors de l'îlet Saint-Aubin, on fera route de manière à passer dans l'Ouest de la chaîne du loup Ministre, et dans le cas où l'on se dirigerait vers l'entrée du canal de la Dominique, on passera à terre du loup Sainte-Marie, ou plutôt au large, en ouvrant le moulin Beau-Séjour un peu dans l'Est de l'îlet Saint-Aubin, pour éviter ce haut-fond.

Petite passe située entre l'îlet Saint-Aubin et la côte.

Le récif situé au Sud de l'îlet Saint-Aubin ne se prolonge pas jusqu'au rivage. Entre lui et la ceinture de brisans qui entoure la côte, on trouve un chenal large d'une encâblure au plus, et dans lequel la sonde rapporte 6 et 7 brasses d'eau, fond de sable blanc. Cet étroit passage est fréquenté par les embarcations; quant aux bâtimens, ils ne doivent pas s'y engager.

Passe de la Caravelle.

Le *chenal de la Caravelle,* dont il a déjà été question, peut recevoir des bâtimens du plus grand tirant d'eau; mais comme il n'abrège, dans aucun cas, la route qu'il faut faire pour gagner le havre de la Trinité, ou les autres mouillages de la côte orientale, et qu'en outre, de grandes inégalités dans le fond et des courans quelquefois violens y rendent la mer très-grosse, il s'ensuit qu'on le fréquente bien rarement. Le moindre brassiage que nous y ayons trouvé est de 38 pieds.

Bourg de la Trinité.

La Trinité, après Saint-Pierre et le Fort-Royal, est l'endroit de la colonie le plus commerçant. Ce bourg s'étend le long d'une plage de sable qui se termine dans le Nord à la pointe du Fort. Sa longueur est d'environ mille mètres; quant à sa largeur, elle est très-petite. Depuis les ouragans de 1813 et 1817, on n'y voit aucun édifice remarquable. La rivière de l'Épinette le traverse, vers sa partie méridionale, après avoir arrosé une vallée étroite, plantée de cannes à sucre. C'est une aiguade qui peut convenir aux bâtimens mouillés sur la rade; mais pour avoir une eau pure et limpide, il faudrait l'aller chercher assez loin dans l'intérieur, ce qui exigerait un travail fort pénible. Pendant notre séjour à la Trinité, l'équipage de *l'Éclair* a préféré de faire son eau à une source située sous l'habitation Beau-Séjour.

Aiguades du havre de la Trinité.

CHAPITRE IX.

Description de la côte, depuis la presqu'île de la Caravelle jusqu'au cul-de-sac du Vauclin inclusivement.

A partir de l'isthme qui joint la presqu'île de la Caravelle à la grande terre, la côte suit, jusqu'au Vauclin, une direction générale vers le Sud 33° Est, sur un espace de quinze milles en ligne droite, et se découpe en une suite d'enfoncemens profonds qui renferment eux-mêmes de petites anses où l'on est à l'abri de tous les vents. Parmi ces enfoncemens, la baie du Galion et le havre du Robert méritent particulièrement de fixer l'attention, à raison du grand développement de leurs contours et des avantages qu'on pourrait tirer de la facilité avec laquelle on y pénètre et l'on en sort, ainsi que de la sûreté et de la salubrité des divers mouillages qui s'y trouvent. Les enfoncemens situés plus au Sud, et connus sous les noms de *havre du François* et de *culs-de-sac de la Frégate*, du *Simon*, du *Sans-Souci* et du *Vauclin*, ne sont guère susceptibles d'être fréquentés que par les petits bâtimens destinés à établir les communications des diverses parties de la côte entre elles, et à transporter les produits du sol dans les villes de Saint-Pierre et du Fort-Royal. Ils offrent des mouillages resserrés entre des bancs de coraux extrêmement rapprochés les uns des autres, et des passes étroites, sinueuses, ouvertes aux vents qui régnent le plus habituellement. Ces passes sont difficiles à pratiquer, surtout pour la sortie.

Dans cette partie de l'île, les terres paraissent beaucoup moins élevées et tourmentées, que celles que nous avons décrites précédemment. Elles présentent une suite de chaînons de montagnes qui se détachent à la distance d'un ou deux milles des mornes de l'intérieur, et dont les pentes descendent vers la mer avec plus ou moins de rapidité, selon les hauteurs de leurs points de départ et les distances qu'ils ont à parcourir pour arriver au rivage. Parmi les sommités d'où ils partent, nous distinguerons, comme les plus apparentes, *la montagne du Vauclin*, qui domine la partie méridionale de l'île, *le groupe des Roches carrées*, situé dans le fond du havre du Robert, et *le morne Vert-Pré*, dont les ramifications se dirigent vers l'Est, et séparent ce havre de la baie du Galion. Les chaînons de ces montagnes prolongent leurs pentes jusqu'à la mer, et s'y terminent par des caps de forme arrondie et de moyenne élévation : il fauten excepter cependant *la pointe de la Rose*, située au Sud de l'entrée du Robert, qui est escarpée et surmontée de pitons coniques boisés, dominant toutes les terres environnantes.

Pointe de la Rose.

Entre les chaînons dont nous venons de parler, il existe des vallées de l'aspect le plus agréable, arrosées par de petites rivières qui viennent déboucher à la mer, dans des terrains noyés, mais de peu d'étendue, où croissent des mangliers et des palétuviers. Des champs de cannes à sucre recouvrent le fond de ces vallées, ainsi que les versans des collines du voisinage : dans les lieux plus élevés, l'œil se repose sur la verdure des plantations de café, de manioc, &c., et l'on voit partout se déployer une végétation des plus vigoureuses.

Ilet Ramville.

Quelques petites îles répandues sur la côte facilitent les moyens de reconnaître les passes par lesquelles on parvient dans les mouillages dont il vient d'être question. La plus remarquable de toutes est située dans le Nord de la pointe la

Rose, sur le prolongement de la chaîne de mornes qui sépare le havre du Robert de la baie du Galion. On la connaît sous le nom d'*îlet Ramville*. Elle a plus d'un mille de longueur de l'Est à l'Ouest, et présente un sommet arrondi, couvert de broussailles, dont la hauteur au-dessus du niveau de la mer est d'environ 100 mètres. Depuis ce point culminant, les terres s'abaissent en pentes roides jusqu'au bord de la mer; elles se terminent cependant, du côté de l'Est, en falaises déchirées que dégradent sans cesse les lames qui viennent briser à leur pied.

Au large des culs-de-sac du François, de la Frégate et du Simon, on voit un groupe d'îles entourées de récifs, et dont la plus orientale, appelée *îlet Thierry*, peut servir de point de reconnaissance, lorsqu'on vient chercher l'entrée de ces divers mouillages. Cet îlet, situé à 3^mil^ dans le Sud 42° Est de la pointe de la Rose, n'a que deux encâblures de diamètre et 31 mètres d'élévation au-dessus du niveau de la mer. Il est éloigné de près d'un mille et demi du point le plus rapproché de la côte : ses bords légèrement escarpés sont surmontés d'un petit plateau couvert de halliers et semblable à une calotte sphérique un peu applatie. Ilet Thierry.

Dans le Sud-Sud-Est, à environ quatre milles de l'îlet Thierry, nous remarquerons enfin la *pointe du Vauclin*, plus haute et plus avancée que toutes celles qui l'avoisinent. Cette pointe forme l'extrémité orientale d'un contrefort de la montagne du Vauclin, et sépare le cul-de-sac du Vauclin de ceux de la Grenade et du Sans-Souci. Elle offre un petit mamelon élevé de soixante-six mètres au-dessus du niveau de la mer, dont les pentes descendent d'une manière uniforme mais rapide jusqu'au rivage, et s'y terminent par des escarpemens peu sensibles. Pointe du Vauclin.

Les points précédens sont ceux qu'on reconnaît le plus aisément, et d'après lesquels il faut se guider pour naviguer sur la partie de côte comprise entre la presqu'île de la Caravelle et le bourg du Vauclin, et pour se rendre dans les ports qui y sont situés. Mais avant de décrire les mouillages de cette côte et les petites passes à l'aide desquelles on y parvient, il est nécessaire d'entrer dans quelques détails au sujet de la grande chaîne de récifs qui règne au vent de l'île, et dont il a été question dans le chapitre III, c'est-à-dire, de faire connaître ses différentes sommités, ainsi que leur situation par rapport aux points principaux de la côte, et d'indiquer, d'une manière précise, les passes qu'on peut fréquenter pour venir du large dans le canal intérieur qui communique avec les entrées des havres et culs-de-sac ci-dessus désignés.

Chaîne de récifs qui règne au vent de l'île.

Cette chaîne commence à un mille dans le Sud 25° Est de la pointe Caracoli, et suit, jusqu'au-delà du Vauclin, une direction vers le Sud 19° Est, que marquent de distance en distance des brisans et des récifs à fleur d'eau d'une grande étendue.

Loup-Garou

Parmi ces récifs, le plus remarquable est situé à deux milles dans l'Est 16° Sud de l'extrémité orientale de l'îlet Ramville; on le connaît sous le nom de *Loup-Garou* : il se compose d'aspérités aiguës, groupées les unes auprès des autres de manière à présenter un croissant dont l'ouverture est tournée vers l'Est, et qui a près d'un mille de développement. Dans le milieu s'élève, à trois ou quatre pieds au-dessus du niveau de la mer, un banc de sable madréporique et de forme circulaire, où végètent avec peine quelques plantes particulières aux sables. Ce banc doit sans doute son origine aux frottemens réitérés des blocs de roches madréporiques détachés du fond et rassemblés par les efforts de la mer dans le lieu qu'il occupe. Les hauts-fonds dont il est entouré du côté de l'Est le protègent actuellement contre la violence des lames; cependant on trouve encore sa plage parsemée de grosses masses de corail, que la houle apporte du large quand les vents viennent à souffler avec plus de force qu'à l'ordinaire.

En allant du Loup-Garou à l'îlet Ramville, on passe immédiatement sur des fonds de sable par 12 ou 15 brasses d'eau; et, parvenu à trois encâblures des récifs, on se trouve sur le *loup Marseillais*, ainsi appelé à cause d'un bâtiment de Marseille qui s'y est perdu après avoir traversé la grande chaîne de hauts-fonds dans le Nord du Loup-Garou. Loup Marseillais.

Le loup Marseillais s'étend dans la direction du Nord-Nord-Ouest au Sud-Sud-Est; sa longueur, dans ce sens, est de trois encâblures, et son plus faible brassiage de 9 pieds : quant à sa largeur, elle est très-petite, et paraît être la même à sa base qu'à son sommet, ce qui lui donne exactement la forme d'une muraille sous-marine élevée d'une soixantaine de pieds.

On peut naviguer, avec la plus grande sécurité, entre ce haut-fond et l'entrée du havre du Robert. La sonde rapporte dans cet espace de 14 à 16 brasses d'eau, fond de sable.

Si l'on suit, à partir du Loup-Garou, l'accore occidental des récifs, en se dirigeant vers le Nord-Nord-Ouest, on verra, pour peu que le vent fraîchisse, une suite de lames s'élever dans cette direction, et menacer de briser sur des aspérités couvertes de 14 à 16 pieds d'eau, et qui vont se rattacher à un banc à fleur d'eau, nommé le *loup Bordelais*, parce qu'un bâtiment de Bordeaux y a fait naufrage anciennement. Ce banc donne naissance à un brisant continuel, dont l'étendue varie selon la force du vent. Il est situé, en dehors Loup Bordelais.

de la baie du Galion, à 2^{mil} dans le Nord 19° Ouest du Loup-Garou. On trouve 80 pieds d'eau à son accore occidentale, et cette grande profondeur d'eau continue à régner à peu de distance dans l'Ouest d'une ligne de hauts-fonds, qui font suite au loup Bordelais, et sur lesquels le brassiage est de 13 à 24 pieds.

Ces dangers, qui s'enchaînent entre le loup Bordelais et le Loup-Garou, forment une barrière que les plus petits bâtimens ne doivent pas se hasarder à franchir. Il en est de même des hauts-fonds qui se prolongent dans le Sud, jusqu'à la *caye Mitan,* située à plus de deux milles de la pointe la

Caye Mitan.

Rose. Cette caye, sur laquelle la mer déferle sans cesse, est un plateau circulaire de quatre-vingts toises de diamètre, hérissé de petites roches qui s'élèvent jusqu'à fleur d'eau : elle indique la route qu'il faut suivre pour venir chercher la passe de caye Mitan, au moyen de laquelle on communique du large avec le canal intérieur a la grande chaîne de récifs, et réciproquement.

A un mille dans le Sud-Sud-Est de la caye Mitan, la chaîne des hauts-fonds s'abaisse tout à-coup, et là se trouve la passe précédente, dont nous parlerons bientôt avec de plus grands détails. Plus loin, en avançant toujours vers le Sud-Sud-Est,

Caye Pinsonnelle.

on arrive à la *grande Pinsonnelle,* caye située dans le Sud-Est de l'îlet Thierry, à plus d'un mille. Cette caye a cinq encâblures de longueur dans le sens du Nord au Sud, et deux en largeur; c'est un pâté de corail, à fleur d'eau, sillonné par de petits ravins, et sur lequel on distingue quelques têtes de roches noires et saillantes qui s'élèvent d'environ un pied au-dessus de la surface de la mer. Les bancs qui s'y rattachent dans le Nord s'étendent jusque dans l'Est-Nord-Est de l'îlet Thierry, et limitent dans le Sud la passe de caye Mitan. Ils se rapprochent considérablement des récifs dont cet îlet est enveloppé, et réduisent, dans cette partie, à un demi-mille la largeur du canal intérieur. En allant plus au Sud, ce canal s'élargit un peu, et renferme quelques récifs isolés, mais faciles à éviter parce qu'ils sont indiqués par des brisans et des roches à fleur d'eau.

La grande chaîne de roches madréporiques continue à régner au Sud de la grande Pinsonnelle, mais en s'abaissant, de manière à laisser entre cette caye et celles du Sans-Souci, qui en sont éloignées de plus d'un mille, un espace où la mer ne brise pas ordinairement, et dans lequel se trouve un chenal qu'on ne doit tenter de fréquenter qu'autant qu'on y serait contraint par un motif très-impérieux. Ce passage a reçu le nom de Pinsonnelle à cause de la proximité où il est de la caye Pinsonnelle, qui sert à le faire reconnaître. Vers sa partie méridionale, le fond se relève et présente quelques aspérités couvertes d'une faible quantité d'eau où la mer déferle par intervalles. Ce sont ces aspérités, groupées à peu de distance les unes des autres, auxquelles on donne le nom de *cayes du Sans-Souci*. De là jusqu'à son extrémité méridionale, la chaîne de roches madréporiques se divise en deux grands plateaux de corail, parsemés, sur la presque totalité de leur étendue, de roches qui viennent à fleur d'eau. Les *cayes du Vauclin*, gisant à un mille dans l'Est-Sud-Est de la pointe du Vauclin, forment le premier plateau : elles sont séparées de celles du Sans-Souci, dans l'Est-quart-Nord-Est de cette pointe, par des fonds de 25 à 30 pieds, mais qu'il est presque impossible de traverser, parce que les brisans des cayes du Souci et du Vauclin se réunissent souvent en un seul.

Cayes du Sans-Souci.

Cayes du Vauclin.

Les *cayes Pariadis*, qui composent le second plateau, présentent, dans le Sud, une suite de hauts-fonds qui se pro-

Cayes Pariadis.

longe jusqu'à un demi-mille de leur extrémité méridionale, et qui termine de ce côté la grande chaîne de roches madréporiques.

Près de ces hauts-fonds se trouve un petit chenal pour entrer au Vauclin, en venant du Sud ou du canal de Sainte-Lucie. Il existe aussi dans le Nord des cayes Pariadis, entre ces cayes et celles du Vauclin, une passe extrêmement étroite et sinueuse, connue sous le nom de *passe du Brigot.*

En résumant ce que nous venons de dire sur la grande chaîne de hauts-fonds qui règne parallèlement à la côte orientale, depuis la presqu'île de la Caravelle jusqu'au Vauclin, on voit qu'on peut venir du large dans le canal intérieur qu'elle forme, à l'aide de cinq passes, parmi lesquelles il y en a deux situées, l'une vers son extrémité septentrionale, qu'on appelle la passe de *Caracoli;* l'autre vers son extrémité méridionale, qu'on appelle la passe du *Vauclin.* Les trois autres ou celles de *caye Mitan*, de la *Pinsonnelle* et du *Brigot,* qui sont intermédiaires, traversent la chaîne des hauts-fonds dans toute sa largeur, qui est d'environ un mille, terme moyen.

Passe du Nord ou de Caracoli.

La *passe du Nord* ou *de Caracoli* est celle qu'on doit préférer pour aller dans les divers mouillages de la côte orientale, et particulièrement pour entrer dans la baie du Galion, ou dans les havres du Robert et du François. Elle a pour limite, dans le Nord, un plateau de roches plates situé au pied des falaises de la pointe Caracoli, et, dans le Sud, l'extrémité septentrionale de la grande chaîne de roches madréporiques. Sa largeur entre ces deux points est d'un mille, et son brassiage de 60 à 90 pieds. Un banc de corail la divise en deux parties inégales ; mais il n'est dangereux pour aucun bâtiment, quel que soit son tirant d'eau, car son sommet est couvert de 31 pieds d'eau ; il suffit d'ailleurs pour l'éviter de passer à trois ou quatre encâblures de la pointe Caracoli.

La passe de Caracoli est facile à suivre, et l'aspect des terres environnantes ne laisse rien d'équivoque sur la position de son entrée et les moyens d'y parvenir. Il faut, après avoir pris connaissance de la Caravelle, se diriger vers la partie orientale de la presqu'île, et se maintenir à deux ou trois encâblures de terre, jusqu'à ce qu'on soit arrivé en dedans des hauts-fonds, dans le Sud de la pointe Caracoli. On prolongera alors la côte méridionale de la presqu'île, si l'on est destiné pour le Galion, et dans le cas où l'on irait dans le havre du Robert ou dans les autres mouillages situés plus au Sud, on gouvernerait vers l'extrémité orientale de l'îlet Ramville ou vers l'îlet Thierry et la pointe du Vauclin, en ayant soin, toutefois, de se guider dans le canal intérieur d'après la vue des brisans qui indiquent de distance en distance sa limite du côté du large.

Dans cette route, il ne faut pas s'approcher du Loup-Garou à moins de 4 encâblures, afin d'éviter le loup Marseillais.

Passe de caye Mitan.

La seconde passe, ou celle de *caye Mitan*, s'ouvre dans le Nord-Est de l'îlet Thierry. Elle a 6 encâblures de largeur, et son brassiage varie entre 12 et 13 brasses. On peut y naviguer avec sécurité; car lors même qu'on ne se maintiendrait pas toujours dans les grands-fonds, on s'exposerait seulement à passer par 5 ou 6 brasses d'eau sur l'extrémité méridionale des hauts-fonds de caye Mitan et sur l'extrémité septentrionale des hauts-fonds de caye Pinsonnelle : ce qui ne présente aucun danger dans un temps ordinaire.

Avec les vents d'Est-Nord-Est, qui règnent le plus habituellement à la Martinique, cette passe est préférable à celle du Nord, pour sortir de la baie du Galion, ainsi que des havres du Robert et du François. Une fois en dehors des entrées de ces havres, on se dirigerait vers la grande chaîne qui limite le canal intérieur dans l'Est, et après être parvenu dans le Sud de caye Mitan, à la distance d'un mille environ, on gouvernerait vers l'Est, en serrant le vent autant que possible, pour gagner le large.

La mer nous ayant paru beaucoup moins agitée au Sud de caye Mitan que dans les autres parties de la chaîne de hauts-fonds, il est présumable qu'on n'y rencontrerait pas d'aspérités plus dangereuses que celles que nous avons trouvées, et que le brassiage n'y descend pas au-dessous de cinq brasses. Nous conseillons cependant, pour plus de sécurité, de venir chercher le chenal de caye Mitan, plutôt que de traverser la chaîne de roches madréporiques, en passant à trois ou quatre encâblures dans le Sud de caye Mitan.

Les deux passes précédentes établissent une communication facile du large avec l'intérieur, et réciproquement. Leur disposition est telle que, lorsque le vent est contraire pour suivre l'une, on peut fréquenter l'autre avec plusieurs quarts de vent de largue dans les voiles.

Passe de la Pinsonnelle.

La troisième passe, ou celle de *caye Pinsonnelle,* ne doit être fréquentée, comme nous l'avons dit plus haut, que dans le cas où l'on serait contraint par une circonstance pressante de venir du large en dedans des récifs. Elle est aisée à suivre, une fois qu'on a reconnu la caye Pinsonnelle; il suffit de traverser la chaîne de roches madréporiques entre cette caye et celles du Sans-Souci, en ayant soin cependant de passer à quatre ou cinq encâblures dans le Sud de la Pinsonnelle, car c'est dans cette partie des hauts-fonds que la mer paraît éprouver le moins d'agitation : le plus faible brassiage que nous y ayons trouvé est de cinq brasses.

On peut encore suivre cette passe, et c'est le moyen qu'il faut préférer, en gouvernant à l'Ouest 31° Sud sur la montagne du Vauclin, remarquable par sa forme conique et son élévation au-dessus des terres environnantes dans la partie méridionale de l'île.

Passe du Brigot.

La quatrième passe, ou celle du *Brigot*, étant ouverte, de même que celle de la Pinsonnelle, aux vents alisés, on ne peut la fréquenter que pour communiquer du large avec le canal intérieur aux récifs. Elle est tellement étroite qu'on a peine à la distinguer à travers les brisans qui la limitent. Aussi ne pourrait-on s'y engager, même avec le plus petit bâtiment, sans le secours d'un pilote parfaitement exercé, et sans avoir préalablement reconnu son ouverture, située dans l'Est 15° Nord du clocher du Vauclin. On n'a d'autre remarque, pour se diriger dans cette passe, que d'accoster presque à toucher la partie septentrionale des cayes Pariadis.

Passe du Vauclin.

La cinquième passe, ou celle du *Vauclin*, est plus large et d'un accès moins difficile que la précédente ; cependant on ne peut s'y engager qu'avec un petit bâtiment, en venant du Sud, parce que les vents s'opposent presque toujours à ce qu'on la suive sans louvoyer. Elle a en outre l'inconvénient de ne pas être indiquée d'une manière bien distincte par les hauts-fonds qui se prolongent au Sud des cayes Pariadis, et par les cayes du Macabou qui la limitent dans l'Ouest. En venant du Nord par le canal existant dans l'Ouest de la grande chaîne de roches madréporiques, on reconnaît plus facilement le chenal du Vauclin; car il a pour limites, jusqu'à l'extrémité méridionale des cayes Pariadis, des récifs à fleur d'eau qu'on peut accoster d'aussi près qu'on le veut. Les vents d'ailleurs permettent de le suivre en faisant route directe. Sa moindre largeur est d'une encâblure et demie, et son brassiage de 9 à 10 brasses.

Il nous reste maintenant à décrire les havres et culs-de-sac situés sur la partie de côte dont nous venons de parler, les mouillages qu'ils renferment et les passes particulières à l'aide desquelles on y parvient et l'on en sort.

Baie du Galion.

La *baie du Galion* a quatre milles d'ouverture entre la pointe Caracoli et l'extrémité orientale de l'îlet Ramville. Sa profondeur est à peu de chose près de la même étendue. Il ne s'y trouve qu'un mouillage où l'on soit à l'abri de tous les vents; il est situé sur la côte méridionale de la presqu'île de la Caravelle, au détour de la pointe Brunet et dans le Sud-Sud-Ouest du morne de la Tartanne, vis-à-vis de l'habitation Neuville. A deux ou trois encâblures de terre, on y jetterait l'ancre par 25 à 30 pieds d'eau sur des fonds de vase argileuse d'une excellente tenue.

L'entrée.

Pour s'y rendre, après avoir donné dans la baie par la passe de Caracoli, il suffit de faire route parallèlement à la côte de la presqu'île, et de s'en tenir à deux ou trois encâblures de distance, jusqu'à ce qu'on ait atteint le mouillage qui se trouve à l'Ouest-Nord-Ouest de la pointe Brunet.

La sortie.

Dans le louvoyage qu'il faudrait faire pour sortir, on n'aurait à craindre que deux hauts-fonds sur lesquels la mer brise par intervalles. Ces hauts-fonds, connus sous les noms de *loup Banane* et *loup Charpentier,* sont séparés l'un et l'autre de la ceinture de récifs qui enveloppe la côte méridionale de la baie par un canal profond et large de deux ou trois encâblures. Le premier gît au Sud de la pointe Brunet à 6 encâblures; son sommet est couvert de 8 pieds d'eau. Le second est au Sud-Sud-Est de cette même pointe, à plus d'un mille et dans l'Est de la pointe Barrane : son plus faible brassiage est de 11 pieds.

Les contours de la baie du Galion sont découpés, dans toutes leurs parties, par des enfoncemens profonds, mais encombrés de roches madréporiques. En dedans de la pointe Caracoli se trouve le cul-de-sac de la Tartanne, dont l'entrée est tellement obstruée par des récifs de corail, qu'il est presque impossible d'y parvenir, même avec le plus petit bâtiment. Ce cul-de-sac étant d'ailleurs éloigné de toute habitation ainsi que de tout lieu cultivé, on n'a aucun motif pour le fréquenter.

Cul-de-sac de la Tartanne

Il existe encore dans le fond de la baie deux enfoncemens séparés l'un de l'autre par la pointe Marcès, située dans le Sud-Ouest de la pointe Brunet à 1^{mil},2. Celui du Nord, ou le grand Galion, est remarquable par un îlet boisé et de forme conique, appelé l'*îlet du Galion*. Il se termine par une plage de sable gris, où vient déboucher la rivière du Galion, à travers des mangliers et d'autres plantes aquatiques. Les vents d'Est y causent une houle bien sensible, et rendent souvent le débarquement très-difficile sur la plage précédente.

Enfoncement du grand Galion.

L'enfoncement du Sud, ou le petit Galion, est aussi sujet à l'inconvénient de la houle. Les récifs qui enveloppent ses contours laissent entre eux une petite passe qui conduit au rivage, mais tellement étroite que les embarcations seules peuvent y pénétrer.

Enfoncement du petit Galion.

L'espace compris entre la pointe Brunet et l'îlet du Galion est parsemé de plusieurs plateaux de corail séparés les uns des autres, et qui limitent, du côté de l'Ouest, le mouillage situé près de cette pointe.

Le *havre du Robert* a près d'un mille et demi d'ouverture entre la pointe la Rose et l'îlet Ramville. Mais la passe par laquelle on y arrive est bien éloignée d'avoir cette largeur ; elle

Havre du Robert.

a pour limite au Nord un rocher à bords escarpés, appelé *la Grotte*, voisin lui-même d'une petite île de ce nom, à laquelle il se rattache, ainsi qu'à l'îlet Ramville, par un banc de gravier et de roches madréporiques que peut à peine franchir une embarcation : elle est bornée au Sud par un récif à fleur d'eau, qui se prolonge jusqu'à la pointe la Rose, et sur lequel s'élèvent deux îles plates et boisées, connues sous les noms d'*îlet des Chardons* et d'*îlet la Rose*. L'îlet des Chardons gît à près de six encâblures dans le Sud du rocher de la Grotte : les récifs qui l'entourent peuvent être accostés d'aussi près qu'on le veut; ils réduisent à quatre encâblures et demie la largeur de la passe à son entrée, où elle se trouve rétrécie plus que partout ailleurs.

Le havre du Robert s'enfonce de trois milles et demi dans l'intérieur des terres, et présente un mouillage commode et d'une excellente tenue aux bâtimens de toute grandeur, dans une étendue de deux mille cinq cents toises en longueur, sur une largeur moyenne de mille toises. Les vents d'Est, auxquels il est ouvert, ne peuvent y occasionner qu'une houle peu sensible, parce que les efforts de la mer sont rompus au large par la grande chaîne de roches madréporiques qui lie la caye Mitan au Loup-Garou et autres brisans. Le brassiage diminue graduellement de soixante-dix à vingt-cinq pieds, depuis son entrée jusqu'aux bancs qui en occupent la partie la plus reculée. Les fonds y sont presque partout de sable vaseux ou de vase argileuse; nous avons reconnu, seulement dans quelques endroits, des roches madréporiques, particulièrement dans l'Ouest de la petite Martinique et dans l'espace compris entre la pointe Royale et la pointe Cotterel; mais on peut mouiller sur ces fonds sans craindre d'endommager les ancres ni les câbles, attendu que les aspérités qu'ils présentent sont peu saillantes, et qu'ils sont couverts d'une couche de vase épaisse de deux pieds.

Les contours de ce havre sont très-découpés : dans les divers enfoncemens qu'ils renferment, il existe des mouillages profonds, où la mer est tranquille comme dans un bassin, et dans plusieurs desquels on peut abattre les bâtimens en carêne, visiter leur mâture, et leur faire en général toute espèce de réparations. Parmi les mouillages que ferment le mieux les terres environnantes, ceux qui méritent le plus de fixer l'attention, et dont on peut prendre une connaissance suffisamment exacte à la seule inspection du plan, se trouvent : le premier, dans l'Ouest de la petite Martinique; le second, entre le bourg du Robert et la pointe Cotterel; le troisième, dans l'Est de la pointe Royale, sur la côte méridionale du havre; le quatrième, dans l'Ouest de l'habitation Gaalou, à l'abri du cap qui se termine par la pointe de la Rose; le cinquième enfin, sous l'îlet Ramville, à peu de distance de plusieurs établissemens faisant partie d'une des poteries les plus considérables de l'île. Ce dernier a pour limites, vers le Sud-Ouest, des récifs à fleur d'eau qui entourent deux îles basses, connues sous les noms d'*îlet à l'Eau* et d'*îlet aux Rats*.

Mouillage situé dans l'Ouest de la petite Martinique.

Le mouillage situé dans l'Ouest de la petite Martinique est sans contredit le plus spacieux, et celui qui, par cette raison, conviendrait le mieux aux vaisseaux et aux frégates : on peut y jeter l'ancre par six ou sept brasses sur des fonds d'une très-forte tenue. Les autres renferment des profondeurs d'eau encore plus grandes, à l'exception cependant de celui qui est près du bourg Robert, où la sonde ne rapporte que quatorze à quinze pieds d'eau; mais ils ont l'inconvénient de se trouver considérablement rétrécis par les contours de la côte et les récifs qui les limitent.

Aiguades.

Les ruisseaux qui affluent dans le havre du Robert fournissent, à leurs embouchures, une eau saumâtre et chargée de vase. Ils traversent, avant d'arriver à la mer, des terres noyées et couvertes de mangliers, au-dessus desquelles il faudrait remonter pour faire aiguade : mais ce moyen étant long et pénible, il serait nécessaire d'établir, dans ces ruisseaux, des retenues susceptibles de conserver une quantité d'eau suffisante pour faciliter l'approvisionnement des bâtimens qu'on se déterminerait à faire stationner, durant la saison de l'hivernage, dans l'un des mouillages précédens.

Entrée dans le havre du Robert.

Après avoir pénétré dans le canal intérieur à la grande chaîne de récifs par la passe de Caracoli ou celle de caye Mitan, il est facile de se rendre dans le havre du Robert et dans les divers enfoncemens qui s'y trouvent. En entrant, on peut hanter, d'aussi près qu'on le veut, le rocher de la Grotte, ainsi que les récifs qui enveloppent l'îlet des Chardons : on naviguera ensuite dans la baie avec la plus grande sécurité, car les hauts-fonds qu'elle renferme se font clairement apercevoir par les brisans qu'ils présentent à leurs limites, ou par les changemens qu'ils produisent dans la couleur de l'eau. Les vents sont d'ailleurs toujours favorables.

Sortie du havre du Robert.

La sortie du havre offre quelque difficulté, surtout quand les vents soufflent de la partie de l'Est. Cependant comme l'espace dans lequel il faut louvoyer n'est fortement rétréci que dans le voisinage du rocher de la Grotte et de l'îlet des Chardons, on peut sortir avec un bâtiment d'une grandeur quelconque. Quand on sera parvenu dans le canal intérieur à la grande chaîne de hauts-fonds, on choisira, pour gagner le large, la passe de Caracoli ou celle de caye Mitan, selon la direction des vents.

Havre du François.

Le *mouillage du François* est profond, d'une excellente

tenue, et fermé de tous côtés par les terres environnantes, ainsi que par de grands plateaux de roches madréporiques qui le précèdent; mais on y pénètre avec difficulté, et l'on ne peut guère en sortir à la voile qu'avec les petits bâtimens destinés à faire le cabotage de l'île, à cause de son exposition aux vents alisés et du peu d'espace que l'on a pour louvoyer. Deux passes conduisent dans le havre du François, et l'on arrive à l'ouvert de chacune d'elles par le chenal de Caracoli ou celui de caye Mitan. Celle de ces passes qu'il faut préférer communique avec le canal intérieur à la grande chaîne de récifs, vers le milieu de la ligne qui joint l'îlet Thierry à la pointe la Rose : on est averti de la route qu'il faut faire pour la suivre, par le changement de la couleur de l'eau près des bancs et par les lignes de brisans qui la dessinent d'une manière assez distincte. Cette passe est tellement étroite, que les pilotes les plus exercés n'osent s'y engager, particulièrement pour la sortie, que lorsque le soleil est assez élevé au-dessus de l'horizon pour faciliter les moyens de reconnaître les contours des bancs dans les parties où ils ne sont pas à fleur d'eau.

Passes du François.

La seconde passe s'ouvre dans le Nord $\frac{1}{4}$ Nord-Est de l'îlet Thierry à un mille de distance, et se trouve limitée, au Sud, par la ceinture de récifs qui entoure cet îlet, ainsi que les îlets Bouchard et Lavigne, situés plus près de terre. Au Nord, elle est bornée par de grands plateaux de corail qui la séparent de la précédente et réduisent sa largeur à une encâblure dans les environs de l'îlet Bouchard. Elle offre, en outre, le grave inconvénient d'être difficile à reconnaître au milieu des bancs entre lesquels elle existe, et la houle, qui vient du large par la passe de caye Mitan, s'y fait sentir fortement, surtout près de son ouverture.

Mouillage des culs-de-sac Frégate, du Simon et du Sans-Souci.

Ce que nous venons de dire relativement au mouillage du François peut s'appliquer à ceux des culs-de-sac *Frégate, du Simon* et *du Sans-Souci*. On pénètre de même dans ces derniers, à l'aide de passes étroites dans lesquelles il faut se diriger d'après la vue des brisans qui les limitent. On peut entrer dans le Simon ou en sortir, au moyen de deux passes séparées l'une de l'autre par un banc à fleur d'eau où la mer brise continuellement et qu'on range d'aussi près qu'on le veut : mais la passe du Sud est celle qu'on préfère pour la sortie.

Mouillage du Vauclin.

Le *mouillage du Vauclin* se trouve au milieu de quelques bancs à fleur d'eau voisins d'une anse de sable près de laquelle s'élève le bourg du Vauclin. Il est moins sûr que les précédens ; mais on y parvient plus facilement, soit en venant du Nord par la passe de Caracoli ou celle de caye Mitan, soit en venant du Sud par la passe dite du Vauclin.

CHAPITRE X.

Description de la côte méridionale, depuis le cul-de-sac du Vauclin jusqu'au cap Salomon, situé à l'entrée de la baie du Fort-Royal.

NOUS avons peu de chose à ajouter à ce que nous avons dit précédemment sur la partie méridionale des côtes de l'île comprise entre le cul-de-sac du Vauclin et le morne du Diamant. Parmi les enfoncemens que renferme cette côte, et dans lesquels on pénètre à l'aide de diverses coupures que présentent les fonds blancs dont elle est enveloppée, le seul qui ait de l'importance est connu sous le nom de *cul-de-sac Marin*. Les autres, tels que les culs-de-sac *Ferré*, des *Anglais*, situés entre le Vauclin et la pointe des Salines, ceux de la *rivière-Pilote*, du *Céron* et du *Marigot du Diamant*, ne peuvent servir qu'aux bâtimens destinés à faire le transport des sucres provenant des habitations qui les avoisinent. Ces culs-de-sac sont tous parfaitement sûrs, et les passes qui y conduisent sont profondes, mais tellement étroites, qu'on ne peut y louvoyer qu'avec des embarcations ou de très-petits bâtimens.

La *passe du Marin*, quoique beaucoup plus large que les précédentes, est cependant beaucoup trop rétrécie pour pouvoir convenir au louvoyage d'un bâtiment quelconque, d'autant plus que la route à suivre pour gagner le mouillage est diamétralement opposée à la direction des vents régnans. Aussi les grands bâtimens ne peuvent entrer dans le cul-de-sac Marin qu'à la touée; les autres peuvent y entrer à la voile. Passe du Marin.

12

Les bancs de roches madréporiques qui bordent cette passe produisent dans la couleur de l'eau un changement à l'aide duquel on peut reconnaître leurs contours, et par suite la longueur des bordées qu'on peut faire en entrant et la route directe qu'il faut suivre en sortant. On peut passer dans le Nord et dans le Sud du banc du Singe qui divise la passe en deux parties près de la pointe du Marin; mais il vaut mieux fréquenter le chenal du Sud, qui est le plus large.

Mouillage du Marin.

Lorsqu'on relève la pointe du Marin au Sud-Ouest, on trouve, sur des fonds de vase argileuse, un mouillage commode et à l'abri de tous les vents pour des bâtimens de toute grandeur.

Le mouillage situé près du bourg du Marin ne peut convenir qu'à de petits bâtimens. Les fonds que nous y avons trouvés par le moyen des lances, et que nous avons désignés sur le plan par l'abréviation (*V. R.*), sont de roches madréporiques couvertes d'une couche de vase épaisse de deux pieds: ils sont d'une excellente tenue et ne peuvent endommager ni les ancres ni les cables.

Le *mouillage de Sainte-Anne*, situé près du bourg de ce nom et en dehors de l'entrée du Marin, est fréquenté principalement par les petits bâtimens qui communiquent de Saint-Pierre avec la côte orientale de l'île, et qui ne peuvent doubler la pointe des Salines, lorsque les courans portent vers l'Ouest avec beaucoup de force. Nous nous sommes assurés que les fonds de ce mouillage étaient de roches madréporiques couvertes d'une légère quantité de sable blanc, et nous les avons désignés par l'abréviation (*S. R. Mad.*)

Aiguades.

Les ruisseaux qui se jettent dans le cul-de-sac Marin fournissent une eau qui n'est pas potable. On en trouve de bonne et limpide à une source située entre l'îlet Dupré et la pointe Borgnesse, dans le voisinage de l'habitation de Mme Houel, et à peu de distance de la côte : c'est là qu'il faut l'aller chercher, quand on n'a pas besoin d'en faire une grande provision ; dans le cas contraire, on serait obligé d'aller à l'aiguade de la rivière Pilote, à environ trois milles du bourg du Marin, et de remonter cette rivière assez loin dans l'intérieur pour avoir de l'eau qui ne fût pas chargée de vase.

Le *cul-de-sac Marin* n'a guère qu'un demi-mille de large à son entrée près de la pointe du Marin ; il s'élargit ensuite et conserve, depuis cette pointe jusque dans le fond de son bassin, une largeur moyenne d'un mille : sa profondeur, dans le sens de l'Ouest-Sud-Ouest à l'Est-Nord-Est, peut être évaluée à un mille et demi. Les terres qu'on voit au Sud ont généralement peu d'élévation, en comparaison de celles des autres parties de l'île : elles forment une surface mamelonnée qui s'étend jusqu'à la pointe des Salines, et sur laquelle on ne distingue aucun point remarquable, si ce n'est un piton de formation volcanique connu sous le nom de *Crève-Cœur*. Ce piton, dont la hauteur au-dessus du niveau de la mer est de 202 mètres, se fait reconnaître de toutes parts aux approches du canal de Sainte-Lucie : il se termine par un sommet aigu et rocailleux où il n'existe que des traces légères de végétation. Ses pentes offrent plusieurs déchirures profondes, et sont difficiles à gravir : du côté du Marin, elles se prolongent jusqu'à la mer, et donnent naissance à quelques escarpemens peu sensibles et à des pointes peu élevées, ou bien elles s'aplanissent vers les enfoncemens de la côte, et se confondent avec des terrains marécageux et couverts de palétuviers.

Des terres hautes et sillonnées par de profondes ravines dominent le cul-de-sac Marin dans la partie du Nord-Ouest : leur aspect contraste d'une manière frappante avec celui que présentent les terres situées au Sud. Les mornes boisés qu'elles renferment forment une chaîne qui se dirige vers l'Ouest et s'abaisse dans les environs des trois rivières, du Céron et du Marigot du Diamant, pour se relever ensuite et se rattacher au morne Constant, ainsi qu'à celui de la Plaine et aux autres mornes qui occupent le quartier des anses d'Arlet.

Morne du Diamant.

Parmi ces derniers, le plus remarquable est celui du Diamant, dont il a déjà été question, et qui est élevé de 478 mètres au-dessus du niveau de la mer. Ce morne conique prolonge ses pentes escarpées jusqu'au rivage, et se trouve séparé du rocher du Diamant par un canal large d'environ un mille, et dans le milieu duquel la sonde rapporte 500 pieds d'eau.

Rocher du Diamant.

Le *rocher du Diamant,* élevé de 175 mètres, a ses flancs taillés à pic presque partout et même en sur-plomb dans quelques endroits. Son sommet n'est accessible que du côté qui regarde l'anse du Diamant : encore n'est-ce pas sans danger et sans avoir à vaincre les plus grandes difficultés qu'on peut y parvenir. On n'a pour s'aider, en montant, que des aspérités peu saillantes et de petites crevasses qui se trouvent de distance en distance à la surface du roc. Il y a 16 à 18 brasses d'eau à toucher ce rocher dans le Sud : dans la partie du Nord, il offre un petit plateau madréporique qui y tient, et sur lequel le brassiage est de 6 à 8 brasses.

Banc du Diamant.

Il existe dans l'Est-Sud-Est du Diamant, à huit encâblures de distance, un banc de roches madréporiques dont le brassiage est de 25 pieds, à son point le plus élevé, et qui est entouré de profondeurs d'eau considérables. Ce banc, connu sous le nom de *banc du Diamant*, est à-peu-près de forme circulaire, et son diamètre varie entre trois et quatre encâblures. Dans la supposition où, après un long laps de temps, il éprouverait un exhaussement par suite des excroissances madréporiques, il ne serait jamais bien dangereux; car il se trouve à terre de la route que suivent les vaisseaux et les frégates destinées pour le Fort-Royal, ou qui en partent pour se rendre en Europe par le canal de Sainte-Lucie.

Du morne du Diamant au cap Salomon, la côte présente une suite de mornes escarpés dont les pentes descendent rapidement jusqu'à la mer; elle est très-saine, et forme trois légers enfoncemens qui sont : l'anse du Diamant, située au pied du morne de ce nom, et les anses d'Arlet, séparées l'une de l'autre par une pointe de moyenne élévation et boisée, connue sous le nom de *Bourgos*. Ces deux dernières renferment chacune un mouillage par 7 et 8 brasses d'eau, sur des fonds de sable et de roches madréporiques; mais elles sont ouvertes à tous les vents depuis le Sud jusqu'au Nord-Ouest par l'Ouest. Ces anses offrent, l'une et l'autre, une jolie plage de sable blanc, traversée par un petit ruisseau : c'est dans la plus méridionale que se trouve le bourg des anses d'Arlet, bâti sur le bord de la mer.

Je ne terminerai pas ce travail sans offrir le tribut de ma vive reconnaissance à M. le chevalier de Rossel, contre-amiral, directeur du dépôt général de la marine. Auteur des instructions qui me furent remises à mon départ d'Europe, M. de Rossel voulut bien me continuer sans interruption les témoignages flatteurs d'intérêt qu'il avait eu la bonté de me donner dès cette époque. Cet ouvrage lui fut mis sous les yeux; il eut l'obligeance de l'examiner avec soin, et je croirais me manquer à moi-même, si je ne saisissais point cette occasion de faire connaître la dette que j'ai contractée en profitant de ses lumières et de ses utiles conseils.

FIN.

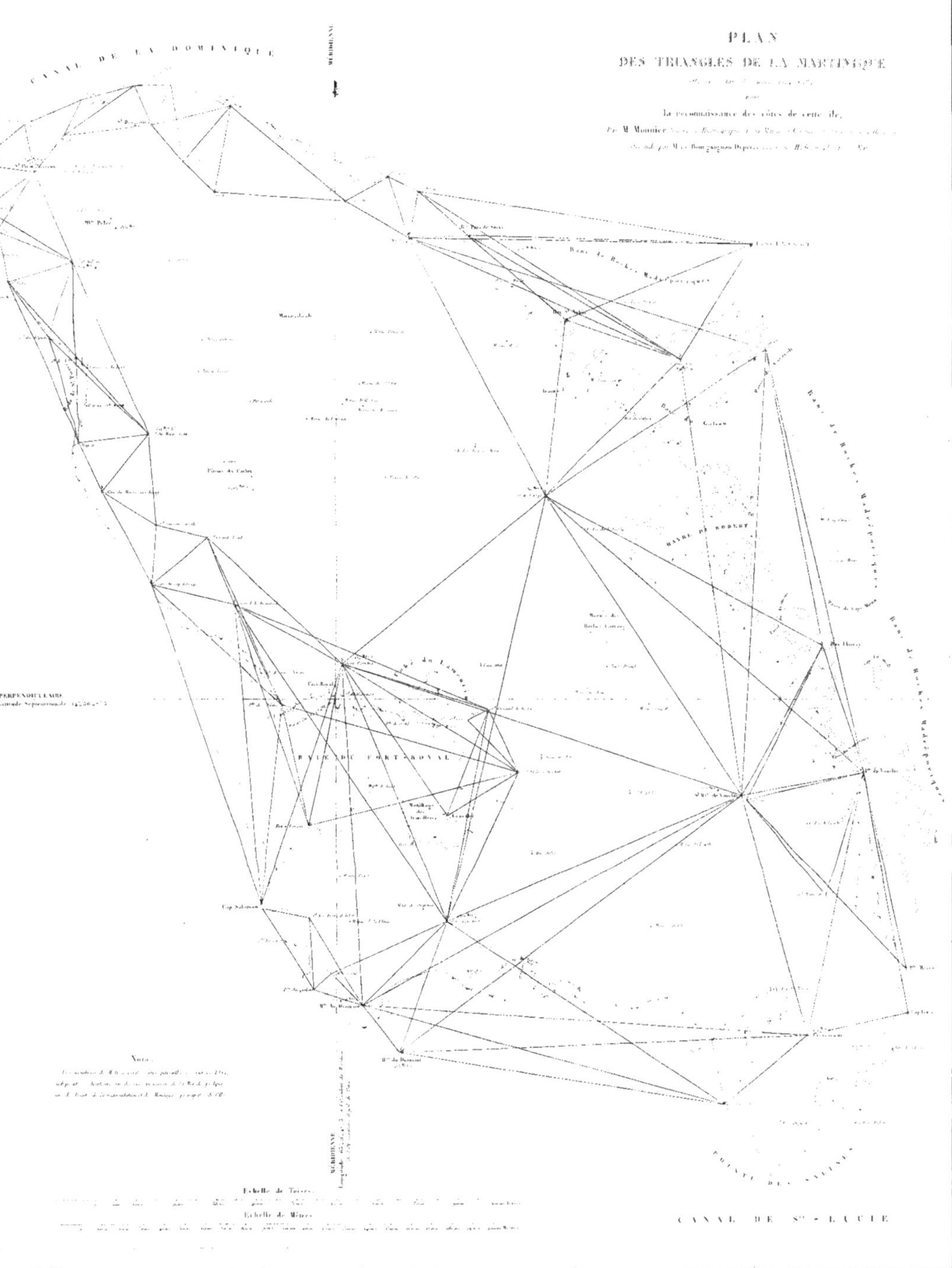
PLAN
DES TRIANGLES DE LA MARTINIQUE
pour
la reconnaissance des côtes de cette île,
CANAL DE LA DOMINIQUE
MÉRIDIENNE
Baie du Lamentin
BAIE DU FORT-ROYAL
HAVRE DU ROBERT
Cap Salomon
PERPENDICULAIRE
Nota.
Echelle de Toises.
Echelle de Mètres.
POINTE DES SALINES
CANAL DE Ste LUCIE

www.ingramcontent.com/pod-product-compliance
Ingram Content Group UK Ltd.
Pitfield, Milton Keynes, MK11 3LW, UK
UKHW020248180726
13839UKWH00001B/241